本书受上海市科技计划项目青年项目（项目编号：22692198600）资助完成。

经管文库·管理类
前沿·学术·经典

双渠道供应链激励机制研究
——基于非对称信息博弈

RESEARCH ON THE INCENTIVE MECHANISM
OF DUAL-CHANNEL SUPPLY CHAIN WITH
INFORMATION ASYMMETRY

赵瑞娟 著

经济管理出版社
ECONOMY & MANAGEMENT PUBLISHING HOUSE

图书在版编目（CIP）数据

双渠道供应链激励机制研究：基于非对称信息博弈/赵瑞娟著 .—北京：经济管理出版社，2023.3
ISBN 978-7-5096-8968-4

Ⅰ.①双… Ⅱ.①赵… Ⅲ.①购销渠道—供应链管理—激励制度—研究 Ⅳ.①F713.1 ②F252

中国国家版本馆 CIP 数据核字（2023）第 050976 号

组稿编辑：王　洋
责任编辑：王　洋
责任印制：许　艳
责任校对：蔡晓臻

出版发行：经济管理出版社
（北京市海淀区北蜂窝 8 号中雅大厦 A 座 11 层　100038）
网　　址：www.E-mp.com.cn
电　　话：（010）51915602
印　　刷：唐山玺诚印务有限公司
经　　销：新华书店
开　　本：720mm×1000mm/16
印　　张：11.75
字　　数：178 千字
版　　次：2023 年 3 月第 1 版　2023 年 3 月第 1 次印刷
书　　号：ISBN 978-7-5096-8968-4
定　　价：88.00 元

·版权所有　翻印必究·
凡购本社图书，如有印装错误，由本社发行部负责调换。
联系地址：北京市海淀区北蜂窝 8 号中雅大厦 11 层
电话：（010）68022974　邮编：100038

前　言

随着物质生活的不断提高，现在的消费者从原来只关注产品本身转为越来越重视产品购买体验，其对渠道多样性以及渠道提供的附加服务性能提出了更高的要求。加之市场经济快速发展，销售实现"快速、全面、多元"是市场向制造商和零售商提出的新要求。所以，简单的传统单渠道供应链已经无法满足当下市场发展和消费者的要求，无论对于制造商、零售商还是消费者，具备更多功能的含有实体店、网店的双渠道供应链才更能满足各方需要。复杂的渠道模式在提升供应链功能的同时，也为供应链管理协调带来更多挑战。不仅如此，供应链的运营管理要求供应链成员既能应对快速发展的市场需求，还要善于处理和利用繁多冗杂的信息进行决策。供应链成员的行为决策都是基于自身已有信息而做出的。但当其无法掌握市场中的所有信息时，其决策就有可能偏离完全信息条件下的最优决策，最终导致自身利益受损，并间接对其他成员甚至整个供应链带来影响。而信息非对称充斥着供应链的各个环节，所以信息非对称的影响不容忽视。研究如何设计有效的激励机制，降低信息非对称对双渠道供应链运营带来的负面效应是非常有必要的。本书在含有实体、网络渠道的双渠道供应链框架下，考虑实体渠道和网络渠道在提供体验性服务上存在能力差异时，当制造商与零售商之间存在信息非对称时，对双渠道供应链的激励机制进行研究，并考察不同影响因素所带来的影响。因此，本书按照信息非对称发生的时间（事前、事后）划分，从信息甄别、信号传递以及道德风险三个方面提出更优的激励策略，以缓解信息非对称为供应链管理及运营带来的协调羁绊和利益损失，实现供应链整体以及成员的收益提升和策略优化。

首先，本书第 1 章对全书的研究背景、研究框架、研究特色等内容进行了介绍，并且在第 2 章对本书内容涉及的相关研究进行了梳理和综述。

其次，本书对事前信息非对称条件下双渠道供应链的信息甄别问题进行研究。第 3 章在包含一个制造商和一个同时经营网店和实体店的零售商构成的双渠道供应链中，研究了单周期下双渠道供应链的信息甄别问题。提出并对比分析了制造商利用单渠道限价合约（仅对实体渠道定价限价）和双渠道限价合约（对实体、网络渠道定价同时限价）进行信息甄别的激励效果，且激励设计受到市场波动、市场需求类型以及需求弹性等因素影响。研究发现，当市场需求为低类型时，双渠道限价合约会导致供应链和实体店收益进一步向下扭曲，对网店收益的影响可能为正向，也可能为负向；当零售商的保留效用与市场类型相关，且市场波动足够大时，制造商可以利用双渠道限价合约不支付信息租金并获取更大的收益，即实现完全信息条件下的收益。而当制造商与零售商的博弈周期延长为两周期时，制造商可以通过与零售商的博弈获得更多关于零售商的信息，此时制造商的激励机制也会发生变化。因此，第 4 章研究了两周期下的双渠道供应链信息甄别模型，并对完全承诺合约和防重新谈判合约进行了分析和对比。研究发现，当第二期市场类型为低（高）时，披露过高类型市场信号的零售商可以获得比披露过低类型市场信号的零售商更高的限价（信息租金/利润）；在一定条件下，完全承诺合约与防重新谈判合约不分离；当两个合约分离且前期信号为低时，防重新谈判合约可以减少实体店售价向下扭曲的程度，且高类型零售商可以在第二期获得更高的信息租金，即与完全承诺合约对比，防重新谈判合约更优。

再次，第 5 章对事前信息非对称条件下双渠道供应链的信号传递问题进行研究。在一个存在高低两种类型制造商的供应链中，研究制造商向零售商进行信号传递的信息激励策略，并考虑渠道入侵对激励策略的影响。把制造商引入渠道竞争的动机解释为"渠道竞争"及"信息非对称"两种效应。将零售商努力纳入需求函数，建模分析了不完全信息条件下单（双）渠道供应链中制造商通过调整入场费和批发价进行信号传递的决策，以及渠道入侵对信号传递策略两种效应的综合影响。研究发现，两种模式下，制造商都需要通过向上扭曲批发价、降低支付给零售商的入场费来进行信号传递，同时零售商会减少附加值服务的提供；但当满足一定条件时，制造商可以通过引入网络直销渠道降低批发价向上扭曲的概率（即更容易实现自然分离），并减少信号传递成本。

最后，对事后信息非对称条件下双渠道供应链的道德风险问题进行研究。第6章研究网店可以对实体店的体验服务"搭便车"且消费者对体验服务的重视程度不同时，制造商应对单边道德风险时的激励决策。建模分析了在完全信息和道德风险两种模式下，零售商和制造商的博弈决策。研究发现，存在道德风险时，如果消费者实现高体验效用，零售商会获得正的服务补偿和较低的批发价，反之则获得负的服务补偿和较高的批发价；注重实体体验的消费者比例足够高时，网店对实体店体验服务的"搭便车"效应越强，制造商需要花费更高的激励成本（服务补偿）规避道德风险。更进一步地，第7章将制造商与零售商之间的博弈周期扩展到多周期，考察制造商委托同时经营实体店和网店的零售商销售产品时，制造商激励零售商努力提供体验服务的多周期激励策略。研究发现，多周期道德风险博弈中，制造商对零售商的激励约束仅需考虑当期和下一期的收益，与其他周期的收益无关；信息非对称时，制造商每期的激励策略受到前一期历史信息的影响，而完全信息条件下的信息激励不受历史信息的影响；制造商可以通过向零售商预扣"保证金"，之后根据需求实现情况在下一期以返还效用的方式对零售商进行信息激励，由此制造商可以推迟支付激励成本，并将风险推移至下一期。

目 录

第1章 绪论 ··· 1

  1.1 研究背景 ··· 1

  1.2 研究意义 ··· 6

  1.3 研究方法与技术路线 ··· 7

    1.3.1 研究方法 ··· 7

    1.3.2 研究框架 ··· 8

  1.4 研究特色与创新点 ··· 9

第2章 双渠道供应链激励机制研究综述 ····························· 12

  2.1 双渠道供应链渠道模式 ··· 13

    2.1.1 M+R（+R）式双渠道 ··· 13

    2.1.2 M+R+E 式双渠道 ·· 14

    2.1.3 M+M-E+R-E 式双渠道 ······································· 16

    2.1.4 M+M+R 式双渠道 ·· 16

    2.1.5 M+M+E 式双渠道 ·· 16

  2.2 双渠道供应链相关研究 ··· 18

    2.2.1 双渠道供应链组织结构研究综述 ······························ 18

    2.2.2 双渠道供应链定价策略研究 ··································· 20

2.2.3　双渠道供应链协调机制相关研究 ………………………… 22
2.3　供应链激励机制相关研究综述 …………………………………… 23
　　2.3.1　相关概念 ……………………………………………………… 24
　　2.3.2　逆向选择 ……………………………………………………… 26
　　2.3.3　道德风险 ……………………………………………………… 29
2.4　研究评述 …………………………………………………………… 30

第3章　事前信息非对称静态博弈
　　　　　——信息甄别 …………………………………………………… 33

3.1　引言 ………………………………………………………………… 33
3.2　相关研究综述 ……………………………………………………… 34
3.3　模型构建 …………………………………………………………… 36
3.4　完全信息条件下制造商策略 ……………………………………… 39
3.5　单渠道限价合约下的信息甄别模型 ……………………………… 41
3.6　双渠道限价合约下的信息甄别模型 ……………………………… 44
3.7　信息非对称对双渠道供应链绩效的影响 ………………………… 48
　　3.7.1　供应链总收益分析 …………………………………………… 48
　　3.7.2　信息租金分析 ………………………………………………… 51
3.8　本章小结 …………………………………………………………… 54

第4章　事前信息非对称动态博弈
　　　　　——信息甄别 …………………………………………………… 55

4.1　引言 ………………………………………………………………… 55
4.2　相关研究综述 ……………………………………………………… 56
4.3　模型构建 …………………………………………………………… 59
4.4　完全信息合约 ……………………………………………………… 61
4.5　完全承诺合约 ……………………………………………………… 65

4.6 防重新谈判合约 ··· 69

4.7 本章小结 ··· 77

第5章 事前信息非对称静态博弈
——信号传递 ··· 79

5.1 引言 ··· 79

5.2 相关研究综述 ··· 80

5.3 模型构建 ··· 82

5.4 单渠道供应链制造商信号传递策略 ····································· 84

  5.4.1 完全信息的单渠道基准模型 ··· 84

  5.4.2 制造商的信号传递决策 ··· 86

5.5 双渠道信号传递策略 ··· 90

  5.5.1 完全信息的双渠道基准模型 ··· 90

  5.5.2 制造商的信号传递决策 ··· 92

5.6 单双渠道信号传递模型对比 ·· 95

  5.6.1 引入渠道竞争对信号传递变量的影响 ····························· 95

  5.6.2 引入渠道竞争对需要信号传递范围的影响 ······················ 97

  5.6.3 引入渠道竞争对信号传递成本的影响 ···························· 98

5.7 本章小结 ·· 101

第6章 事后信息非对称静态博弈
——道德风险 ··· 103

6.1 引言 ·· 103

6.2 相关研究综述 ··· 105

6.3 模型构建 ··· 107

6.4 需求与定价分析 ·· 109

  6.4.1 终端需求 ·· 109

6.4.2　定价决策 …… 111
6.5　完全信息条件下制造商决策 …… 112
6.6　道德风险条件下制造商决策 …… 113
6.7　本章小结 …… 119

第7章　事后信息非对称动态博弈——道德风险 …… 121

7.1　引言 …… 121
7.2　相关研究综述 …… 123
7.3　模型构建 …… 125
7.4　完全信息模式 …… 129
7.5　多周期道德风险模式 …… 131
　　7.5.1　有限周期道德风险 …… 132
　　7.5.2　多周期道德风险 …… 133
7.6　本章小结 …… 141

第8章　总结与展望 …… 144

8.1　研究总结 …… 144
8.2　研究展望 …… 147

附录 …… 150

第3章　附录 …… 150
第4章　附录 …… 152
第5章　附录 …… 155
第6章　附录 …… 158
第7章　附录 …… 160

参考文献 …… 164

第 1 章　绪 论

1.1　研究背景

随着经济环境的不断变化和日益复杂，市场竞争也越发激烈。企业之间的竞争更多地上升到渠道之间、供应链之间的竞争。而供应链内各经济主体的独立决策导致双重边际化的产生，经济主体之间、渠道之间的冲突也随着环境的复杂变化不断升级。因此，如何有效提高供应链绩效、实现供应链的协调管理一直是供应链研究领域的重要课题。

在供应链实践中，市场需求的不断扩大以及信息技术的快速发展，使原有简单的渠道模式已不能满足商品流通快速发展的要求以及消费者多元化的消费诉求，许多企业开始尝试更为复杂的双渠道甚至多渠道分销模式。例如，目前许多快消品公司（如玛氏、箭牌等）是以实体直销渠道加多个零售商的分销模式进行运营，而 IBM、联想等则是在零售商分销的基础上，开展自己的网络直销渠道。特别是在"互联网+"的时代背景下，随着电子信息技术的快速发展，以及手机客户端、PC 端的不断升级，网络渠道销售日益成为当今最流行、最热门的销售形势。2018 年"双十一"天猫淘宝再破纪录，成交额达到 2135 亿元，同比增长 27%，"双十一"全网成交额达到 3143 亿元，同比增长 23.8%[1]。美国

2017年的线上销售增长了16%，达到4534.6亿美元[2]。越来越多的制造商、零售商纷纷开设网店，与实体店配合，推动以服务、体验为驱动的全渠道、全场景发展。例如，小米除了有实体的1183家授权体验店，还开设了小米商城、小米有品两个线上自营渠道[1]。实体店和网店具有不同的特点和优势。实体渠道由于能够通过"试用""商品展示""派送样品"等方式披露产品信息[3,4]，更好地帮助消费者了解产品信息，为消费者提供体验性服务，从而达到提升产品销量的效果。而网店又由于其运营成本低、辐射广、传播速度快、地域限制小等特点，能够覆盖更多的客户群体。此外，网店在收集和处理历史销售数据上具有更大的优势。网店可以通过利用IP地址、客户登录信息等对消费者进行更准确的分类和追踪[5]，帮助制造商或零售商实现更好的客户管理，向特定客户群体针对性实施适当的销售策略，提升销量效率。所以，实体店和网店的不同功能和特点，导致了实体、网络渠道双管齐下的供应链模式已经成为当下最常见、最有效的渠道运营模式。由此可见，供应链渠道模式逐渐呈现出数量更多、结构复杂化、形式多元化的特点。因此，单一渠道结构的研究已经不能满足当前供应链管理的需求，对成员更多、结构更复杂的双渠道供应链进行研究可以更好地迎合供应链快速发展的需要。

供应链管理不仅面临自身结构更为复杂的发展现实，其所处的市场还充斥着大量的不确定性和风险。虽然目前关于供应链的研究大部分是在信息对称条件下展开的，但在供应链实践中，供应链成员之间、卖方与买方之间的信息往往是不对称的。供应链成员能否快速有效地处理大量的信息成为影响其决策是否成功的关键因素。特别是在信息化和大数据快速发展的时代背景下，信息的非对称性使得供应链管理面临更多的挑战。信息非对称引发的直接结果是制造商、零售商等由于无法准确判断市场（风险不确定）、需求（需求不确定）、消费者行为或者博弈对手的相关策略而导致最终决策的发生偏差。而供应链成员决策的独立性以及自利性会导致其为了追逐自身利益最大化而隐藏或不主动披露信息进而引发其所做决策偏离最优决策，导致供应链及参与者的收益受损或扭曲。

供应链内的信息非对称主要体现在以下两个方面：

一方面，卖方（制造商/零售商）与买方（消费者）之间存在信息非对称。

在整个产品生产、销售的流通过程中，制造商作为产品的生产方，零售商作为产品的分销方，其对产品的质量、性能等方面都非常了解。相反，对于处在供应链末端的消费者来说，其面对的是市场中琳琅满目、鱼龙混杂的众多产品，消费者很难掌握到产品真实准确的信息，从而无法做出合理的购买决策，或采取保守的购买策略。这对于制造商和零售商的产品销售是非常不利的。特别是在推广新产品的过程中，产品卖方能否快速有效地将产品信息传递给消费者，成为产品能否快速占领市场的重要因素之一。因此，作为产品信息私有方的制造商和零售商可以通过花费一定的成本，将产品信息披露给消费者，即采取信息披露策略（Information Disclosure Strategy）[3,4,6]，以实现提升需求、增加利润的目的。例如，制造商和零售商可以通过做广告、张贴海报、派送样品、提供"试吃""试穿"的体验性服务等，使消费者在做出购买决策前能够充分了解产品的情况，降低信息非对称带来的影响，从而选择符合诉求的产品。因此，实体店提供体验服务的能力在信息非对称条件下供应链的决策分析中是不容忽略的重要因素。

另一方面，制造商和零售商之间存在信息非对称。在供应链运营中，制造商和零售商既是合作关系，又由于双重边际化效应的存在导致双方在一定程度上属于竞争博弈关系。特别当越来越多的制造商通过引入网络直销渠道开展双渠道运营时，制造商和零售商之间的竞争进一步深化。制造商和零售商在供应链中的功能不同、所处位置不同，其所掌握的信息类型也是不同的。

从功能角度来说，与作为分销方的零售商相比，制造商作为产品的生产方，其更了解产品的性能和质量。另外，制造商在向市场投放产品之前，通常会进行市场调研，因此制造商更加清楚产品的需求潜力，即产品需求潜力为制造商的私有信息[7,8]。此时，由于信息非对称，产品需求潜力较差的制造商可能会为了获取零售商更高的订货订单，而谎称其产品需求潜力很好。而零售商由于无法判断区分制造商的产品是否畅销，其很有可能采取保守的订货策略。但这对于那些拥有较高需求潜力产品的制造商来说是非常不利的。因此，为了消除或减少信息非对称带来的负面效应，信息优势方有动力通过支付一定的成本（信息租金）主动将自己的真实情况传递给信息劣势方，即采取信号传递策略（Signalling Strategy)[7-9]，以达到与市场中其他竞争者区分的目的。

作为分销方的零售商通常掌握着丰富的一手销售资料，加之其具备更专业的销售技能和市场预测能力，零售商通常可以更加准确地把握市场需求状况。更进一步地，从在供应链所处的位置来说，零售商位于供应链下游，与位于供应链上游的制造商相比，其更靠近供应链终端的消费者，即更能把握市场需求的变化。功能和位置的双重原因使得零售商在预测市场需求上具有一定的优势，即市场需求为零售商的私有信息。由于信息非对称，零售商出于自利性等原因可能会向制造商谎报市场需求状况。例如，当市场需求很好时，零售商有可能为了投入更少的销售努力或获取较低价格的合约而谎报市场需求低迷。而这种行为会对制造商的利益造成损害。此时，信息劣势方为了维护自身利益不受损或减少受损程度，其愿意花费一定的成本（信息租金）引诱或激励信息优势方披露真实信息，即采取信息甄别策略（Screening Strategy）[10,11]。

另外，零售商作为制造商接触终端消费者、提供产品展示、体验服务的重要合作伙伴，其能力或工作态度都会影响产品销售，进而影响需求和双方的收益。但由于信息非对称，制造商无法得知零售商是否在合作中付诸努力。在签订合作合约之后，零售商出于自利性有可能"消极怠工"，从而引发道德风险问题（Moral Hazard）[12,13]。此时，制造商就需要通过一定的激励策略对零售商进行激励，以规避道德风险问题。

由此可见，在双渠道供应链中，无论是事前信息非对称——逆向选择问题，还是事后信息非对称——道德风险问题，都会影响供应链成员的决策及收益，设计合理的激励机制以降低信息非对称对供应链带来的不利影响，有利于提升供应链成员和供应链的收益。但采取激励策略都要支付一定的成本。所以，供应链成员需要权衡信息策略带来的收益增长和成本增加。同时，还要考虑策略对供应链其他成员甚至整个供应链的影响。因此，在结构更为复杂的双渠道供应链框架下，研究如何设计合理的激励机制，实现信息的有效披露、降低信息非对称的不利影响，提升供应链成员的收益，是非常有必要的。

虽然现有学者对于供应链已经进行了大量的研究，但对于双渠道供应链的研究仍多集中在完全信息条件下展开，针对供应链激励机制的研究仍以单渠道为主。但双渠道供应链由于其自身成员更多、结构更复杂的特点，呈现出不同的信息传递结构差异，且供应链成员的决策也会由于复杂的渠道结构使得供应链其他成员的行为决策及整个供应链表现出现更多的不可控因素，从而间接影响自身的收益和策略。因此，本书通过构建含有网络渠道的多种双渠道供应链模型，在单周期和多周期内，研究供应链成员在不同影响因素下应对信息非对称问题时的博弈及激励策略。希望通过本书的研究回答以下问题：

（1）双渠道供应链的渠道结构下，当制造商为信息劣势方时，其应该采用单渠道限价合约还是双渠道限价合约来激励零售商真实披露以实现信息甄别？不同限价合约下的信息租金和供应链收益有何不同？限价合约能否帮助制造商在信息非对称条件下实现信息对称条件下的均衡结果？

（2）当博弈周期扩展为两周期后，处于信息劣势的制造商可以通过前期合作获得更多信息时，其应该采用完全承诺合约还是防重新谈判合约激励零售商进行信息甄别？哪种合约对制造商更有利？

（3）当制造商为信息优势方时，在单渠道供应链的基础上引入渠道竞争后，即双渠道供应链模式下，制造商的信号传递策略有何变化？引入渠道竞争是否可以帮助制造商更好地实现信号传递？其是否能改善信息非对称的不利局面？

（4）当网店可以对实体店的体验服务"搭便车"，且消费者注重产品体验性时，制造商愿意对零售商提供的体验服务提供补偿，而但制造商无法观察到零售商的努力程度，此时制造商应该设计怎样的合约激励零售商以规避道德风险问题？

（5）当博弈周期扩展为多周期后，零售商每期的行动对制造商的激励决策有何影响？制造商应该如何设计对零售商的激励约束？多周期的道德风险激励策略与完全信息条件下又有何不同？

本书希望通过对以上问题的回答，探究在含有实体店、网店的双渠道供应链中，信息非对称条件下制造商和零售商为实现信息真实披露的激励机制设计，为当前供应链的管理与实践提供一定的建议和借鉴价值。

基于对以上问题的考虑，本书的主要研究内容安排如下：

本书根据经典的委托代理理论，将信息非对称下的信息激励问题按照信息非对称发生的时间分为事前信息非对称——逆向选择问题（信息甄别、信号传递）和事后信息非对称——道德风险问题。因此，本书将主要从逆向选择（第3章到第5章）和道德风险（第6章到第7章）两个部分对信息非对称条件下的双渠道供应链激励机制展开研究。正如前文所述，制造商和零售商在供应链中所处的位置不同，承担的职能不同，其各自拥有的信息也是不同的。所以第3章首先考察零售商作为市场容量信息的优势方时，制造商为了获取真实市场信息进行单周期信息甄别的激励策略。但在供应链实践中，制造商和零售商的合作往往是长期的，因此第4章将博弈周期进行延长，考察两周期动态博弈下制造商的信息甄别策略。虽然制造商在市场容量信息方面是信息劣势方，但制造商对于产品的市场需求潜力是信息优势方。此时制造商有意愿将产品信息传递给零售商。因此第5章考察了制造商的信号传递策略。第3章到第5章中的信息非对称都发生在制造商和零售商签订合约之前。但在签订合约后，零售商在履行合约时可能努力也可能不努力，即出现道德风险问题。因此，第6章、第7章分别研究了制造商应对道德风险的单周期和多周期信息激励策略。

1.2 研究意义

随着现代生产、物流的快速发展，供应链协调和管理的重要性日益凸显。特别是现在物质生活水平的不断提升，消费者不再满足于产品本身质量、性能的提升，而越来越多地开始注重购买方式、消费体验的多样性。因此，传统的单一实体渠道的运营模式已经不能满足当前消费者多元化的需求，开展实体、网络渠道相结合的双渠道供应链模式是供应链发展的必然趋势。双渠道供应链的渠道结构形式使得供应链成员之间相互竞争、相互依存的关系变得更为复杂，特别是在面对供应链管理实际中一个不可忽视和避免的信息环境——信息非对称时，供应链成员之间的博弈及策略研究就越发重要。因此，研究信息非对称条件下双渠道供应链的激励机制是非常有必要的，且具有重要的研究意义。

从理论上说，以往对于供应链中激励机制的研究多集中在单渠道供应链，而关于双渠道供应链的研究则主要是在信息对称条件下，对供应链的渠道结构、定价策略、协调机制方面的研究。本书在单周期内和多周期内，通过构建同时含有网店、实体店的双渠道供应链模型，考虑渠道间存在能力（提供体验性服务）差异，且供应链中不同层级之间出现信息非对称问题时，研究供应链成员为降低信息非对称带来的负面影响所采取的激励措施，并考察不同因素对供应链成员收益及策略的影响。因此，本书的研究能够进一步丰富双渠道供应链的相关理论和研究，拓展非对称信息下激励机制的研究领域，对充实双渠道供应链激励机制理论研究具有一定的理论价值。

从实践上说，信息非对称和实体、网络渠道混合的双渠道供应链渠道模式更加符合当前的市场环境和供应链管理实际。本书探究在不同问题下双渠道供应链的激励机制和合约设计，可以为供应链成员的合作和策略制定提供一定的借鉴价值和启示。另外，本书还纳入了多种因素分析，尽可能描述现实市场环境中存在的影响。例如，消费者层面，本书考虑了消费者对体验服务关注度不同等因素影响；零售商层面，考虑了零售商提供服务的能力等；博弈周期层面，本书涉及了单周期、多周期博弈。这些因素都从不同方面对制造商、零售商以及供应链激励机制带来不同程度的影响。纳入这些因素的分析，可使本书的研究结果对供应链管理实践的建议更加贴合实际。

1.3 研究方法与技术路线

1.3.1 研究方法

为系统深入地研究信息非对称条件下双渠道供应链激励机制的理论、方法和应用，本书以委托代理理论为基础，充分借鉴和参考国内外相关文献的研究成果以及供应链管理的实际发展状况，首先对该领域的相关文献进行综述和分析，针对所要解决的问题构建模型，并将不同影响因素纳入考虑，对不同情境下供应链成员的决策和收益进行对比，从而得到相关结论，以此对双渠道供应链信号传递、信息甄别、道德风险等问题展开具体研究。本书主要采用子博弈纳什均衡、贝叶斯纳什均衡、算例分析以及逆向归纳法等研究方法，具体研究步骤主要包括以下四个方面：

（1）文献研究及现状研究。通过对双渠道供应链以及供应链激励机制的相关研究综述，评述当前研究现状，结合供应链管理实践以及时代发展背景，提出双渠道供应链激励机制研究仍存在的可能进一步研究的方向。

（2）数模建立及求解。根据前文提到的希望解决的具体问题，针对不同的重点设计合理的双渠道供应链模型，包括双渠道供应链信息甄别模型、信号传递模型、道德风险模型以及两周期信息甄别模型。根据设定情境下的博弈时序，利用逆向归纳法以及子博弈纳什均衡、贝叶斯纳什均衡等方法，借助 mathematic 软件，对模型进行求解，得到制造商、零售商以及消费者在不同境况下的博弈决策。

（3）模型对比分析。对比分析不同渠道结构（单渠道、双渠道）、不同信息结构（完全信息、不完全信息）、不同博弈周期（单周期、两周期）、不同影响因素（消费者对体验服务关注程度、"搭便车"效应等）、不同合约（单/双渠道限价合约；完全承诺/防重新谈判合约）下制造商、零售商的博弈决策及激励机制。

（4）理论总结与建议。根据模型的对比结果分析归纳结论，得出双渠道供应链的激励机制设计，并从供应链管理实践的角度分析结论的产生原理，验证结论与现实的贴合度。

1.3.2 研究框架

根据前文的研究内容及研究要点等分析内容，本书的研究框架如图1-1所示。

研究内容

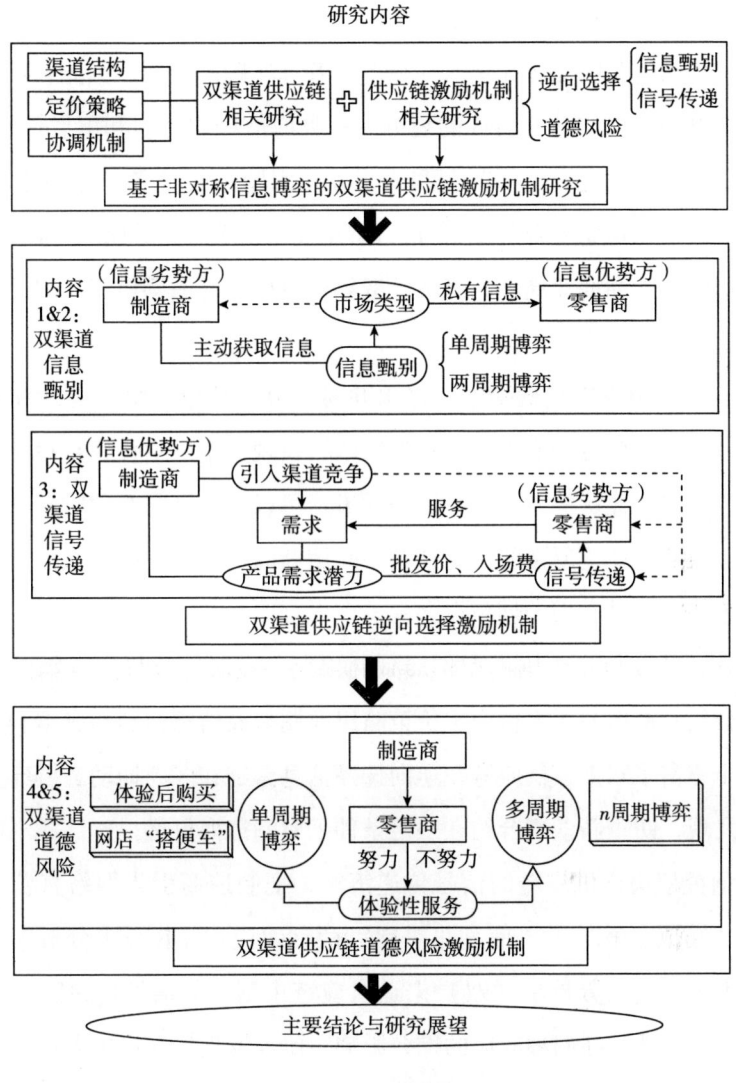

图 1-1 研究框架

1.4 研究特色与创新点

前文提到，目前已有文献对于双渠道供应链的研究多集中在完全信息条件下展开，而对于信息非对称条件下供应链激励机制的研究则多针对单渠道供应链的渠道模式。但已有的研究还无法满足供应链管理实践的需要。因此，本书根据经典的委托代理理论对信息非对称的划分——事前信息非对称和事后信息非对称，对双渠道供应链中的逆向选择问题和道德风险问题进行研究。在同时含有网店、实体店的双渠道供应链框架下，研究当信息非对称发生在制造商与零售商之间时，不同影响因素和博弈周期长度下，双渠道供应链的激励机制。因此，本书主要的创新之处如下：

（1）在双渠道供应链框架下，提出并对比分析单渠道限价合约和双渠道限价合约对制造商信息甄别成本及收益的影响。发现双渠道限价合约对于降低非对称信息效应具有明显优势，且在一定条件下，可以在信息非对称时实现完全信息时的收益。因此，在更复杂的渠道结构中采用新的合约形式研究双渠道供应链的信息甄别策略，这是本书的创新点之一。

（2）将单周期信息甄别模型扩展到两周期，并对比分析完全承诺合约和防重新谈判合约对制造商、零售商定价策略以及制造商信息甄别的成本和收益的影响。进一步丰富了双渠道供应链在逆向选择信息激励和多周期动态博弈方面的研究。研究发现，防重新谈判合约在一定条件下对制造商更优。

（3）研究双渠道供应链的信号传递策略，把制造商引入网络直营渠道的动机解释为"渠道竞争"及"信息非对称"两种效应。并在需求分析中将零售商努力纳入考虑，对比分析单（双）渠道供应链中制造商信号传递的决策以及渠道入侵对信号传递策略两种效应的综合影响。研究发现，在一定条件下，制造商可以通过引入网络渠道降低信号传递的成本。

（4）考虑消费者对体验服务关注不同，且网店渠道可以对实体店提供的体验性服务"搭便车"时，制造商通过批发价和服务补偿对零售商进行激励应对道德风险的策略。发现注重实体店体验的消费者比例足够高时，网店渠道对实体店体验服务的"搭便车"效应越强，制造商越需要花费更高的服务补偿规避道德风险。因此，在更复杂的双渠道供应链中研究"搭便车"影响下的道德风险激励策略，是本书的另一个创新点。

（5）将单周期道德风险模型扩展到多周期，考察制造商激励零售商努力提供体验服务的多周期激励策略。进一步丰富了双渠道供应链在事后信息非对称激励决策和多周期动态博弈方面的研究。研究发现，制造商可以通过向零售商预收"保证金"，之后根据需求实现情况在下一期返还效用的方式对零售商进行信息激励，由此制造商可以推迟支付激励成本，并将风险推移至下一期。

第 2 章　双渠道供应链激励机制研究综述

供应链成员的决策在不同的渠道结构下会有所不同,因此本章的第一部分对双渠道供应链的渠道模式进行梳理,之后本章从双渠道供应链和供应链激励机制两个角度切入,对非对称信息条件下双渠道供应链激励机制的相关文献进行综述。

从双渠道供应链角度来说,目前学者的研究主要集中在对供应链的渠道选择、定价策略及协调机制等方面的研究。本书虽然是对双渠道供应链的激励机制进行研究,但由于该研究是在双渠道供应链的框架下展开的,激励机制的设计也必然要考虑具体的组织结构,所以本章 2.2.1 节对双渠道供应链的组织结构相关研究进行了综述。本书的第 3~5 章的激励合约中限定了终端定价,第 6 章的激励合约中包含了批发价定价,因此本书的激励机制设计也涉及双渠道供应链的定价策略的内容,所以本章 2.2.2 节对该部分的相关研究进行了综述。另外,双渠道供应链的渠道之间会存在一定的竞争关系,且本书的第 4~7 章研究的实体、网络渠道之间还存在"搭便车"现象,这将进一步加剧渠道间的冲突。因此,渠道间的协调也是激励机制设计所不容忽视的问题。所以,本章 2.2.3 节对双渠道供应链协调机制的相关研究进行了综述。

从供应链激励机制角度来说,目前对于供应链经典的激励机制研究主要是针对制造商和零售商之间的信息非对称问题,主要分为逆向选择、道德风险,逆向选择又分为信息甄别和信号传递两部分。因此在本章的第三部分，首先对供应链的激励机制涉及的相关概念进行梳理，其次分别对逆向选择和道德风险的相关问题进行综述，最后基于已有的研究综述，进行评述和展望，提出未来可供研究的课题方向。

2.1　双渠道供应链渠道模式

除单渠道供应链外，目前学者研究最多的渠道模式为双渠道供应链，而双渠道供应链又可以按照渠道内制造商、零售商的数量，以及渠道属性（实体店/网店）划分为多种模式。不同渠道模式下制造商和零售商的收益构成以及决策方式都会存在差异，因此，本节首先将已有文献的渠道模式进行分类。目前文献中研究的渠道模式主要可以分为 M+R（+R）式双渠道、M+R+E 式双渠道、M+M-E+R-E 式双渠道、M+M+R 式双渠道、M+M+E 式双渠道（"M" 代表制造商；"R" 代表零售商或实体渠道；"E" 代表网络渠道），并按类进行综述。

2.1.1　M+R（+R）式双渠道

M+R 式双渠道是由一个制造商、一个零售商构成的双渠道。这种模式下，制造商通过两条渠道销售产品：一条是把产品批发给零售商，再由零售商卖给消费者——分销渠道；一条是直接由制造商销售给消费者——直销渠道，如图 2-1（a）所示。

而 M+R（+R）式双渠道是指由一个制造商、两个零售商构成的实体双渠道，如图 2-1（b）所示。这种模式的双渠道是比较传统的渠道模式，而且并不局限于两个零售商。它也可以代表一个制造商对应多个零售商的情形，如目前许多快消品公司（如玛氏、箭牌等）仍主要以 M+R（+R）式渠道模式进行运营。

（a）M+R式　　　　　　（b）M+R（+R）式

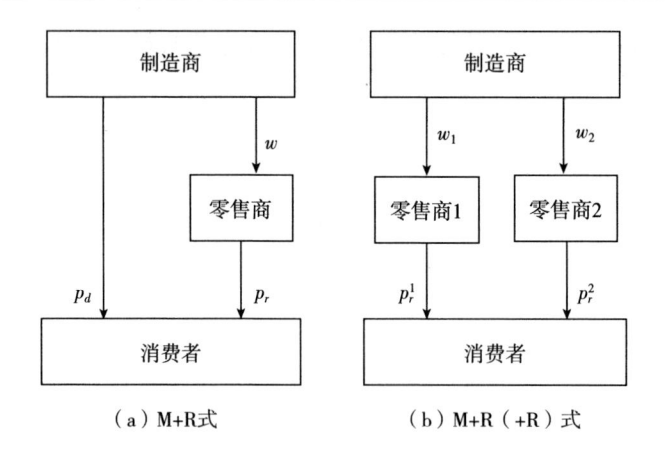

图 2-1　M+R（+R）式双渠道

2.1.2　M+R+E 式双渠道

M+R+E 式双渠道是指由一个制造商、一个零售商（实体渠道）和一个网络渠道构成的双渠道。随着互联网技术的突飞猛进，以及网络功能的不断普及，网络渠道越来越受到企业以及市场营销管理人员重视。特别是网络渠道具有运营成本低、效率高等特点，许多制造商、零售商都考虑自己开设网上渠道，或者在第三方线上平台开设网络渠道。因此，根据网店的归属权不同，又可以分为以下三种：

2.1.2.1　M+R+M-E 式双渠道

M+R+M-E 式双渠道是由一个制造商和一个零售商构成的二级供应链。制造商除了通过零售商的实体渠道销售产品，还拥有直销网店（用 M-E 表示）（见图 2-2），如 IBM、联想等。这种渠道模式是现在研究比较多的双渠道形式。

2.1.2.2　M+R+R-E 式双渠道

M+R+R-E 式双渠道是由一个制造商和一个零售商构成的二级供应链。零售商同时经营网店和实体店（见图 2-3）。该渠道模式一般由两种零售商构成，一种是零售商是在原有传统渠道基础上开设网店，如 Warmart、苏宁电器、Tesco、Metro 等；除这些传统零售商外，还有一些电商平台上运营的零售商通过开设实体店来实现多渠道运营,如京东、Warby Parker、Fab.com、JD.com 等[14]。

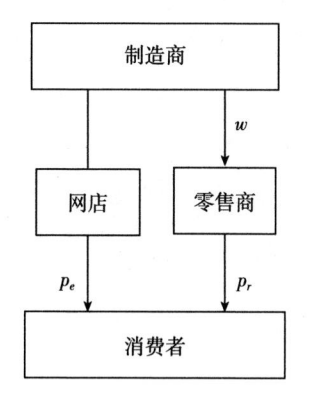

图 2-2　M+R+M-E 式双渠道

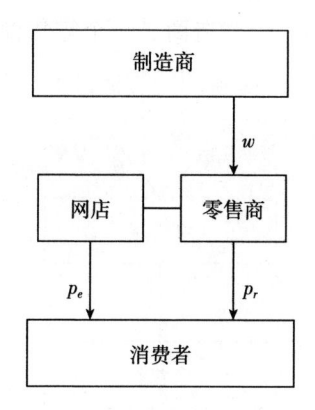

图 2-3　M+R+R-E 式双渠道

2.1.2.3　M+R+E 式双渠道

M+R+E 式双渠道供应链中也是由一条实体渠道和一条网络渠道构成的,但不同于 M+R+M-E 式和 M+R+R-E 式双渠道,M+R+E 式双渠道的网店渠道是在第三方网上平台开展的,如 Amazon 网站。

2.1.3 M+M-E+R-E 式双渠道

M+M-E+R-E 式双渠道不同于以上几种双渠道供应链，其是由两条网络渠道构成：一条归属于制造商，即官方网店（Official Website Mall，OWM），如 LANCÔME、ESTÉE LAUDER 等都有自己的官方网店；另一条归属于零售商或第三方商业平台（the third Party E-commerce Platform，3PEP），如淘宝、e-Bay。Lei 等[15]研究了在线双渠道之间的冲突问题。这种在线双渠道在现实中虽然也很常见，但研究的学者还是比较少的。

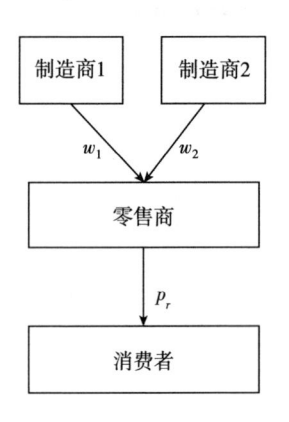

2.1.4 M+M+R 式双渠道

M+M+R 式双渠道的参与主体为两个制造商，一个零售商，渠道竞争发生在供应链上游（见图 2-4），如可口可乐、百事可乐。

图 2-4　M+M+R 式双渠道

2.1.5 M+M+E 式双渠道

M+M+E 式双渠道的参与主体为两个制造商，一个电商平台，如天猫国际、易贝等。渠道竞争同样发生在供应链上游（见图 2-5）。多应用于跨境供应链运营管理的研究中。

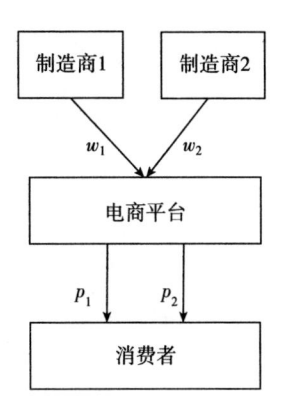

图 2-5 M+M+R 式双渠道

根据学者研究的渠道类型，本书进行了归类（见表 2-1）。

表 2-1 渠道模式研究

渠道模式		供应链主体	实例	相关文献
M+R(+R)式双渠道	M+R	一个制造商（含实体直销渠道）；一个零售商	零件、机械制造商公司	Xiao 等[16]；Arya 和 Mittendorf[17]；Matsui[18]；Rodríguez 和 Aydın[19]
	M+R+R	一个制造商；两个或多个零售商	玛氏、箭牌等快消品公司	Kong 等[20]；Arya 和 Mittendorf[17]；周晓阳等[21]
M+R+E式双渠道	M+R+M-E	一个制造商（含网店直销渠道）；一个零售商	IBM、Apple、联想等	Dan 等[22]；丁正平和刘业政[23]；张国兴等[24]；许垒和李勇建[25]；赵礼强和徐家旺[26]；Xiao 等[16]；Liu 等[27]；徐广业等[28]；赵骅等[29]；Zhou 等[30]；Matsui[18]
	M+R+R-E	一个制造商，一个零售（含网店）	Warmart 和苏宁电器	许垒和李勇建[25]；丁正平和刘业政[23]
	M+R+E	一个制造商，一个实体零售商，一个第三方线上平台	Amazon 网站	Lu 和 Liu[31]；许垒和李勇建[25]

续表

渠道模式	供应链主体	实例	相关文献
M+M-E+R-E 式双渠道	一个制造商（含直销网店），一个在线零售商或第三方在线平台	LANCÔME、ESTĒE LAUDER 等	Lei 等[15]
M+M+R 式双渠道	两个制造商，一个零售商	可口可乐、百事可乐等	Wang 等[32]；Ma 等[33]；Matsui[18]
M+M+E 式双渠道	两个制造商，一个电商平台	天猫国际、易贝等	牛保庄等[34]；刘丁瑞等[35]

2.2 双渠道供应链相关研究

目前学者对于供应链渠道的研究已经较为成熟，特别是对双渠道供应链的研究。对于双渠道供应链的研究多为在完全信息条件下展开，主要集中于渠道组织结构、定价决策、协调策略等方面。

2.2.1 双渠道供应链组织结构研究综述

已有的对于双渠道供应链组织结构的研究，主要集中于探讨在不同的渠道模式下的渠道利润以及渠道结构选择等。

2.2.1.1 渠道利润

Arya 和 Mittendorf[17] 对供应链的渠道类型进行了充分的研究，他们对比分析了专利授权条件下单一渠道、双渠道模式（M+R 和 M+R+R 两种模式）下上游厂商和下游企业的收益及版税问题，还分别研究了双渠道供应链分散式和集中式决策的区别。许垒和李勇建[25] 将依赖网络渠道风险（用消费者的损失规避函数 ϕ 表示）和零售渠道搜索成本（k），构建消费者效用函数：

$$U_r = v - p_r - k$$

$$U_d = \phi v - p_d$$

分析四种渠道类型供应链结构下制造商的最优决策和渠道效率问题。研究结果表明，制造商网络渠道策略与利润分成比例有关，而且渠道风险能够调节分散决策模式下的双重边际化效应。Wang 等[32]则考察了货架空间对零售商、制造商定价决策和收益的影响。张国兴等[24]通过分别构建制造商、零售商主导的 Stackelberg 博弈模型和同等权利的纳什博弈模型，考察了 M+R+M-E 式双渠道中不同供应链成员权利对渠道价格、需求以及参与者利益的影响。

2.2.1.2 渠道选择

由前文对双渠道供应链模式的总结归纳可以发现，双渠道供应链的组成形式可以有多种，而不同的渠道选择对于供应链成员的收益和决策都会造成不同的影响。因此，很多学者对于供应链的渠道选择问题进行了研究。例如，Lu 和 Liu[31]研究了引入电子渠道对制造商和零售商的行为决策及盈利能力的影响。该文对比了单渠道和双渠道（电子渠道独立于零售商和制造商）的情况，并发现制造商并不能通过电子渠道的引入获利，但实体零售商可以从中获益。Wang 等[14]则通过构建线性需求模型研究供应链的渠道选择问题。Li 等[36]将电子商务应用到绿色供应链管理中，研究了集中式和分散式的渠道运营策略及绿化策略。研究表明，当绿化成本高于某一阈值时，制造商不会开展直销渠道；但是当消费者对零售渠道的忠诚度以及绿化成本满足一定条件时，绿色供应链是存在双渠道的。Xiao 等[16]研究了产品多样性对渠道结构的影响。通过构建 M+R+M-E 式的双渠道模型：直销网店销售定制产品，零售渠道销售标准产品。研究发现，如果零售渠道的保留价格足够低，开展直销渠道会增加零售渠道的单位批发价和零售价格，这是由于直销渠道可以提供客户化定制服务。Matsui[18]分析了两个对称制造商在不同渠道结构下的分销策略：①只有一个零售渠道；②只有一个直销渠道；③一个直销渠道和一个零售渠道。研究结果表明，尽管两个制造商是对称的，但是子博弈精炼均衡的存在，表现为非对称的分销策略：一个制造商只通过直销渠道销售，另一个制造商则选择零售和直销两个渠道开展分销。董志刚等[37]以 Stackelberg 博弈为基础，研究了中小型制造企业在电子商务环境下的网络分销渠道选择问题。研究表明网络间接分销渠道会由于电商分销商对批发价的主导程度不同而对传统零售商造成不同的影响。

2.2.2 双渠道供应链定价策略研究

定价策略是供应链决策的基础，渠道定价以及批发价定价都直接影响制造商和零售商的收益情况。关于双渠道供应链定价决策的研究，现有学者主要侧重于不同渠道结构、产品类型、风险偏好等对批发价、零售价的定价策略影响。

2.2.2.1 渠道结构影响下的定价策略

不同的渠道结构意味着不同的竞争模式和决策模式，进而引发定价策略的不同。Lu和Liu[38]考察了两种Stackelberg博弈模型和一种纳什价格博弈模型，并发现渠道接受度对均衡价格有着重要的影响。研究表明，当客户对一个渠道的接受度超过某个阈值时，这个渠道将在整个系统中占主导地位。Dan等[22]利用两级优化技术和Stackelberg博弈模型分析了集中式、分散式双渠道供应链的定价问题，并评价了零售服务和客户忠诚度对制造商和零售商的定价行为的影响作用。丁正平和刘业政[23]研究了垂直集中双渠道（VID）、部分集中双渠道（PID）、分散双渠道（DD）和水平集中双渠道（HID）四种双渠道的定价均衡。不同于以上学者研究的双渠道供应链，Lei等[15]研究的是由官方网站购物中心（OWM）和第三方电子商务平台（3PEP）的零售网店渠道构成的双渠道供应链下的定价策略。研究表明，制造商一般更愿意选择使用两个网上渠道分享在线市场的定价策略，但也有部分制造商认为通过调整官网的商品定价以及批发价来限制零售商的定价策略是必要且合理的。曹裕等[39]分析了制造商网络直销渠道（M+R+M-E）和零售商网络渠道（M+R+R-E）两种渠道结构下供应链的最优定价和服务决策。研究发现，渠道定价在不同的渠道结构下，还受到消费者对网络渠道的偏好程度、"搭便车"效应的影响。

2.2.2.2 产品属性影响下的定价策略

产品的属性也在一定程度上对定价造成影响。例如，Zhang等[40]研究了绿色供应链单周期的定价和协调问题。他们根据市场需求，分别分析了绿色产品和非绿色产品在合作博弈和非合作博弈中的均衡结果。而 Gallego 和 Hu[41] 研究了需求不确定条件下互补品、替代品市场上易腐商品的动态定价策略。由于易腐商品的特殊性，消费者的购买决策受到购买时间、商品属性以及当前售价的影响，进而导致商品定价也需要据此不断调整，所以出现动态定价。类似地，李琳和范体军[42] 对生鲜农产品在价值损耗及消费者需求等方面的特征进行分析，通过构建单周期零售商的决策模型分别研究了在固定定价、动态定价以及带有降价时三种不同模式下的最优定价与订货策略。

2.2.2.3 其他因素影响下的定价策略

除前文综述中提到的渠道结构、产品属性会影响产品定价外，还有一部分学者对影响定价的其他因素进行了分析。Rodríguez 和 Aydın[19] 研究了双渠道供应链中制造商的产品定价及分类决策，他们发现需求的不确定性越高，制造商制定的批发价将越低。Wang 等[32] 考察了货架空间对零售商、制造商定价决策的影响。研究发现，零售商可以通过货架空间费用管理来控制产品市场潜力和费用对总需求和零售价的影响。Giri 和 Sharma[43] 研究了零售商的广告成本对二级供应链中制造商的批发价定价策略的影响。类似地，黄松等[44] 从需求和成本的角度，研究需求和成本同时扰动条件下分散式、集中式双渠道供应链的定价和生产决策变化，并给出了需求扰动和成本扰动在不同取值范围时的最优生产数量调整策略。许民利等[45] 则研究了风险偏好对制造商、零售商分别制定批发价、零售价时的决策影响。王磊等[46] 把公平偏好行为作为决策者的行为特征纳入双渠道供应链的定价策略研究之中，并进行了仿真。研究表明，供应链决策者的公平偏好会对决策行为产生显著的影响。而刘咏梅等[47] 研究了服务和退货对定价策略的影响。研究表明，零售价格和直销价格与退货率呈正相关。蒋传海和唐丁祥[48] 则从消费者多样化购买行为的角度，研究了厂商动态竞争性差别定价问题。李宗活等[49] 研究了制造商品牌垄断下，零售商引入自有品牌后双方的定价策略的变化。研究发现，零售商引入自有品牌后，并不一定会降低制造商品牌价格，一定条件下，制造商仍可在 BOPS 渠道制定高价。

2.2.3 双渠道供应链协调机制相关研究

供应链的协调机制研究,一直是供应链管理研究的重要领域,特别是网络渠道、混合双渠道产生以后,供应链的协调问题更加凸显。而供应链契约作为协调机制的具体表现形式,其合理的设计可以有效起到激励作用,使分散供应链实现或接近集中供应链的绩效。具体来说,目前主要用到的协调契约有:收益共享契约、价格补偿契约、批发价格契约、数量折扣、回购契约等。Cachon 和 Lariviere[50] 构建一个制造商一个零售商的二级供应链研究收益共享契约对供应链绩效的影响。不仅如此,他们还将收益共享契约与回购契约、价格折扣契约、数量弹性契约等进行对比,研究发现,在报童模型中,收益共享契约与回购契约可以达到同样的效果。徐广业等[28] 结合双渠道供应链的特点,对传统的收益共享契约进行改进,设计了两种协调机制:①制造商将电子直销渠道收益与零售商共享;②制造商在销售前给零售商批发价优惠,零售商销售后再将收益与制造商共享。研究发现改进的收益共享契约可以减轻渠道冲突。Kong 等[20] 在一个含有一个制造商两个零售商的双渠道供应链中对比了收益共享契约和批发价定价契约在促进信息共享和减少信息泄露方面发挥的作用。研究表明合理的收益共享契约可以缓解信息非对称带来的冲突,缓解信息泄露,并且使具有信息优势的零售商、供应商甚至信息劣势的零售商获得更高的利润。丁正平和刘业政[23] 则将"搭便车"问题纳入考虑,通过建立模型分析了三种不同结构的双渠道供应链的定价均衡策略。研究发现当存在"搭便车"时,收益共享契约在分散双渠道时可以实现供应链的完全协调。Arya 和 Mittendorf[17] 研究了单渠道供应链和双渠道供应链模式下公司的收益及专利问题,并对集中式和分散式两种组织形式进行对比,指出供应链结构是如何影响供应链成员收益的。Ryan 等[51] 研究了含有网络直销渠道的双渠道供应链在价格竞争下的协调问题。研究表明,当传统渠道拥有比网络渠道更大的市场时,收益共享契约可以帮助制造商实施价格歧视策略。Lee 等[52] 研究了供应商和消费者通过缺货成本共享以实现供应商库存协调管理。

吴晓志等[53]则研究了集中决策和批发价价格契约下O2O供应链的协调问题。但斌等[54]研究了电子商务环境下双渠道供应链的补偿策略,通过比较双渠道供应链的最优价格以及利润变化情况,发现传统渠道与电子渠道因价格竞争将引发渠道冲突,并提出了相应的补偿策略缓解渠道冲突。赵礼强和徐家旺[26]则从消费者效用出发,研究了混合双渠道的冲突和协调问题。研究发现开辟电子渠道会导致传统零售商市场份额降低、利润减少,而批发价加电子渠道价格合约可以实现混合双渠道的协调。Li 等[36]利用 Stackelberg 博弈模型讨论了集中式和分散式供应链模式下,供应链成员的定价和绿色策略,并提出一个可以协调分散式双渠道绿色供应链的合约。Lei 等[55]利用报童模型研究了产品成本信息非对称条件下的供应链协调问题。在最近的一篇文献中,Matsui[18]研究了一个含有两个对称制造商的供应链中制造商在面临价格竞争时的最优产品分销策略。研究表明,虽然两个制造商是对称的,但在子博弈均衡中也会出现非对称的分销策略。Tsay 和 Agrawal[56]在电子商务的时代背景下,通过对比只有分销渠道、只有直销渠道以及分销直销双渠道三种模式下供应链成员的行为决策,研究存在渠道冲突时,双渠道供应链的协调问题。浦徐进等[57]将实体店的服务效应对双渠道供应链协调问题的影响纳入考虑,研究发现制造商可以通过恰当的服务成本分担契约激励实体店的服务投入,以实现双渠道的完美协调,以及制造商零售商之间的双赢。龚本刚等[58]则从供应链终端着手,考察了消费者偏好影响下的双渠道供应链协调问题。研究发现,消费者对渠道的偏好在分散式和集中式两种决策下对供应链收益都起到促进作用。

2.3 供应链激励机制相关研究综述

前文从供应链的组织结构、定价策略以及协调机制方面对双渠道供应链的相关研究进行了综述,可以发现目前学者对双渠道供应链的研究大多是在完全信息的条件下展开的。但在供应链管理实践中，成员之间的信息往往是不对称的。供应链成员都是独立的决策人，都会拥有一定的私有信息。供应链绩效很大程度上由供应链成员的决策影响，而信息在决策中起到异常重要的作用。在信息非对称的背景下，研究如何建立有效机制激励信息优势方的信息披露对双渠道供应链的运营及管理具有非常重要的意义。当供应链中存在信息非对称时，则有可能发生逆向选择和道德风险。在综述前对信息非对称激励机制中涉及相关概念进行梳理。下节分别对逆向选择和道德风险进行综述。

2.3.1 相关概念

2.3.1.1 非对称信息

非对称信息（Asymmetric Information）指的是某些参与人拥有但另一些人不拥有的信息。信息的非对称性可以从两个角度进行划分：非对称发生的时间和非对称信息的内容。从信息非对称发生的时间看，非对称性可能发生在当事人签约前，也可能发生在签约后，由此可分为事前（ex ante）非对称和事后（ex post）非对称。经典文献中将研究事前非对称信息博弈的模型称为逆向选择（Adverse Selection）模型，研究事后非对称信息的模型称为道德风险（Moral Hazard）模型[59]（见图2-6）。

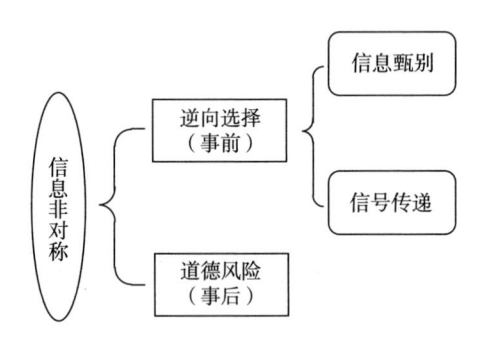

图 2-6 信息非对称分类（按发生时间划分）

从非对称信息的内容来看，非对称信息可能是某些参与人的行动，也可能是某些参与人的信息。研究不可观测行动的模型称为隐藏行动（Hidden Action）模型，研究不可观测信息的模型称为隐藏信息（Hidden Information）模型[59,60]（见表2-2）。

表2-2 信息经济学的基本分类

	隐藏行动	隐藏信息
事前	—	逆向选择模型
		信号传递模型
		信息甄别模型
事后	隐藏行动的道德风险模型	隐藏信息的道德风险

2.3.1.2 信息甄别

合同理论将信息甄别定义为"由不具有信息的一方提出合同菜单，以甄别具有信息一方的不同类型的机制设计问题"[60]。委托代理理论中的信息甄别模型中，自然选择代理人的类型，代理人知道自己的类型，委托人不知道，委托人提供多个合同供代理人选择，代理人根据自己的类型选择一个最适合自己的合同，并根据合同选择行动[59]。根据本书的研究，本书定义当一方具有私有信息，并且有动机进行隐瞒以获得博弈优势，信息劣势方通过一定的方式激励信息优势方披露真实信息的现象为信息甄别（Screening）。

2.3.1.3 信号传递

与信息甄别不同，信号传递模型中，代理人为了显示自己的类型会选择某种信号，委托人在观测到信号后与代理人签订合同[59]。而合同理论中定义信号传递模型是考虑有私人信息的一方，通过合同的提供或签约阶段前的可观察行动，来传递部分私人信息给另一方的情况[60]。因此，本书认为，如果信息优势方试图传递自己的私有信息，并花费代价使对方相信自己的信息，这种现象称为信号传递（Signaling）。

2.3.1.4 道德风险

本书涉及的道德风险主要是隐藏行动的道德风险。道德风险问题要求代理人在行动—报酬的菜单中进行选择,因为隐藏行动发生在合同签订之后[60]。签约时信息是对称的,签约后,代理人选择行动(如工作努力还是不努力),"自然"选择"状态",代理人的行动和自然状态一起决定某些可观测的结果。委托人只能观测到结果,而不能直接观测到代理人的行动。因此,委托人的问题是设计一个激励合同诱使代理人从自身利益出发选择对委托人最有利的行动[59]。

2.3.1.5 信息租金

如果委托人可以令低效率类型的代理人保留效用为0,高效率类型的代理人仍然能够从模仿低效率代理人中获得的效用,为信息租金[12]。根据本书的研究,本书定义,信息租金为信息激励方为了规避信息非对称带来的不利影响进行信息激励时花费的成本。

2.3.2 逆向选择

按照图2-6的信息非对称分类可知,事前信息非对称的逆向选择可以分为信息甄别和信号传递。关于逆向选择问题的研究多集中在经济学领域,以及单渠道供应链中。下面对信息甄别和信号传递的研究进行分别综述:

2.3.2.1 信息甄别

(1)单周期博弈。

目前对于信息甄别的问题研究大多在单周期下展开。Laffont和Martimort[12]研究了信息非对称条件下不同的激励机制。他们分析了委托人如何选择契约引诱代理人真实披露信息,以及不同条件下信息租金的变化。Löffle等[61]则更强调时间在合约中的地位。他们研究了非对称信息对制造商几个重要决策的影响,例如订立合约的时间(紧急订立合约或者延迟订立合约)、转移支付、组织、转化以及放弃等决策。Xiao和Yang[62]考察了包含一个制造商和一个零售商,并且面临一个整合的外部竞争者的供应链的逆向选择问题。他们构建了一个存在需求不确定的信息披露模型研究制造商如何通过"批发价—订货量"合约引诱零售商真实披露他的风险敏感度。研究表明当制造商承担的风险足够大(小)时,提供给高风险规避型零售商的最优批发价要高于（低于）低风险规避型的零售商。另一篇文献中，Majumdar 和 Shaffer[10] 分析了一个占统治地位的供货商和一个处于竞争性边缘的供货商同时向一个买家供货，这个买家具有需求的私有信息。他们设计了一个市场份额合约和数量限定合约来实现信息甄别。研究发现，当满足某些条件时，市场份额合约可以使供货商消除信息非对称的影响，实现完全信息收益。Krähmer 和 Strausz[63] 分析了代理人拥有事前事后信息的序贯筛查（Sequential Screening）中的信息租金问题。研究发现，当代理人的事前信息是离散的时，存在正的信息租金；当事前信息是连续的时，信息租金为 0。蒋龙珠等[64] 则通过构建供应链的利润函数的信息甄别解析模型，提出了预订货激励契约。他们得出，信息非对称条件下，制造商可以通过预定货价改变经销商的利润函数结构，并通过信息甄别机制可以对经销商的预订购量进行判断以获得真实的市场需求信息。

（2）动态多周期博弈。

以上学者都是对单周期下的信息甄别问题进行研究。但博弈双方的合作往往是长期而非一次性的，因此，也有部分学者研究了动态多周期的信息甄别问题。Cvitanić 等[65] 分析了道德风险和逆向选择下的最优动态合约，并且对比了关闭合约和信息甄别合约的有效性，并考虑了代理人不同保留效用对合约有效性的影响。霍佳震等[66] 研究了长期合作期望下的信息甄别问题。研究表明，若代理人（零售商）的私有信息具有跨期关联性且事后不可验证，则将造成信息甄别的棘轮效应。Deb 和 Said[67] 研究了卖方在有限委托能力条件下的动态信息甄别问题和价格歧视问题。类似地，Feng 等[68] 也研究了供应链的动态博弈。他们分析了一个买方和一个卖方关于产品数量和支付进行动态讨价还价的问题。买方对自己的类型具有私有信息，卖方可以通过信息甄别，或者买方通过信息传递实现交易。研究发现，卖方的忍耐度（耐心程度）可以在一定程度上避免数量扭曲以及信息租金的产生；当买方的需求预测准确度较低时，提高需求预测有利于买方但对卖方不利。郭红梅等[69] 对动态逆向选择下理论模型的有效性进行了验证，通过实验分析了动态供应链的激励契约及其数值结果，研究发现，实验数据与理论模型的预测相符：销售商会选择在第二期给制造商一定的声誉补偿，以缓解棘轮效应的不利影响。周建亨和徐琪[70]通过构建博弈模型，分析了两阶段供应链非对称信息甄别问题。他们构建两阶段逆向选择动态契约，并分阶段求出次优解。研究发现，与单阶段信息甄别模型相比，两阶段动态契约更加强调零售商披露的市场类型在各阶段的相关性。

2.3.2.2 信号传递

对于信号传递的研究，目前学者主要研究的是对成本、需求类信号的传递，以及产品具体信息（质量、安全性等方面）的传递。

例如，Desai 和 Srinivasan[8]研究了特许经营委托人和代理人的信号传递策略，并将代理人的努力纳入考虑，因此他们设定的需求函数为：

$$q^l = T^l - p + f(a) + \varepsilon \quad l = H, L$$

特许经营商（委托人）有高、低两种类型，委托人通过约定特许经营费实现信号传递。Desai[7]又在此基础上，分析制造商通过广告、入场费和批发价进行信号传递。研究表明，在竞争激烈的零售市场，制造商需要提供入场费使得零售商能抵消其花费的存货费。Li 等[71]从渠道入侵角度，对比研究了单一渠道和双渠道的信号传递策略。研究发现，单一渠道时，零售商没有动机信息共享，但如果考虑制造商入侵，零售商则希望通过信号传递，让制造商认为市场需求是小的，从而减小竞争，但这放大了双重边际化的效应，对双方都造成伤害。朱立龙和尤建新[72]研究了非对称信息条件下供应链节点企业间的信号传递问题。研究表明，供应商有激励性动机将其生产的产品质量以信号传递给生产商，而生产商观测到信号后会提高向前支付，整个供应链的联合期望收益得到提升。孟炯等[73]则从产品安全性能对消费者的影响入手，对制销联盟安全信号传递原理进行了研究。其将产品安全性能 S 纳入消费者效用函数：

$$v(\varepsilon) = \xi + \varepsilon S - p$$

其中，ξ 表示消费者消费产品的效用，ε 表示消费者的偏好。研究发现，履行安全责任较好的厂商会采取积极的安全信号传递，使产品在安全责任上差异化，实现分离均衡。Cachon 等[74]研究了如何设计信息共享合约，可以使得制造商经需求预测信息真实共享给供货商,实现信号传递。

2.3.3 道德风险

相对于前文的逆向选择,道德风险主要发生在签约后,即当签约一方不完全承担风险后果时所采取的使自身效用最大化的自私行为[59]。

Corbett 等[75]研究了供应链中双边道德风险问题。在供应链运营过程中,供应商和买方是否付出全部努力将影响双方的收益,因此存在道德风险问题。他们通过构建双边道德风险框架来描述这个问题,并利用线性努力成本方程设计最优收益共享契约,以应对道德风险问题。类似地,Zhou 等[76]也研究了供应链的双边道德风险问题。特别地,他们在研究中考虑了消费者学习对制造商的市场营销努力及收益共享策略的影响。研究发现,消费者学习使制造商和零售商会付出更多的营销努力,但当消费者对产品有更深的了解后,这种努力会有所下降。申强等[77]则侧重于研究双边道德风险下供应链的质量契约问题。他们分析了外部损失分担与内部惩戒质量契约下双方产品质量控制水平,并研究了外部市场及质量变化对两种契约的公平性和有效性的影响,并对结果进行了仿真验证。不同于以上学者,张建军等[78]则通过构建单边道德风险框架,研究易逝品供应链中制造商声誉的演化过程。朱立龙和尤建新[79]基于委托代理理论,研究了供应链产品质量信息非对称条件下道德风险策略对供应商的质量预防决策和购买商的质量评价决策的影响。他们考虑了供应链节点企业间隐藏行动道德风险的三种情况,并分别建立风险决策模型,为非对称信息下供应链质量管理道德风险最优合同设计及质量控制决策提出了建议。徐绪松和郑小京[80]则通过建立以人为粒度的供应链道德风险有向多局域世界网络模型,证明了供应链道德风险复杂网络的演化规律。徐绪松等[81]又在此基础上,分析了随机攻击和蓄意攻击对供应链道德风险系统的影响。Liang 和 Atkins[82]构建了一个含有两个供应商的模型,并将模型扩展为含有多个供应商的供应链。研究发现,特定条件下保留款是一个有效地减轻卖方道德风险的激励机制。

2.4 研究评述

从以上的文献综述可以看出，目前双渠道供应链在供应链的定价策略、组织结构、协调机制等方面的研究较为丰富和成熟，且大多文献是在信息对称条件下展开研究的。对于定价策略，现有学者趋向于加入多种影响因素进行分析，如渠道结构、产品属性、风险偏好等。对于组织结构的探索也非常丰富，除简单的单、双渠道外，还涉及混合双渠道等。由于互联网的快速发展，对于实体、网络双渠道的研究更受到当下学者的青睐。而供应链协调机制方面的文献多集中于契约设计以及渠道冲突协调等方面。此外，越来越多的学者转向对信息非对称条件下供应链协调问题的研究。信息非对称给供应链的管理与协调带来了更大挑战，但在不完全信息条件下进行供应链研究更能满足现实管理的需要。对于非对称信息条件下的供应链激励机制研究，主要集中在逆向选择（信号传递、信息甄别）以及道德风险方面，且绝大多数是在单渠道供应链框架下展开的。基于本书对于信息非对称的分类（见图2-5），本书将主要针对双渠道供应链中制造商与零售商之间由于事前信息非对称引发的激励机制问题进行研究。针对本书研究的问题，已有的文献仍存在进一步研究的空间，具体如下：

（1）针对制造商与零售商之间的信息甄别问题。

现有文献以单渠道供应链框架下的研究为主，或者以一个单渠道供应链加一个竞争性边缘为研究对象，单周期下的静态博弈和多周期动态博弈虽都有涉及，但鲜有研究双渠道供应链信息甄别问题的文献。在单渠道供应链信息甄别研究中，委托人多通过批发价、订货量、市场份额等作为激励合约定制的基础，以实现信息甄别。但对于某些特殊商品，如软件、游戏类商品无法限制订货量或市场份额时，或制造商需要控制产品定价时，制造商是否可以通过限价合约进行信息甄别？特别是在双渠道供应链中，应该对单渠道进行限价还是对双渠道进行限价,其对信息租金的影响是否相同?这些都是可以进行探究的。

另外,在委托代理理论中经常会涉及代理人的保留效用,但多数学者一般将其标准化为0。也有少数学者在研究信息甄别等问题中区分了不同状态代理人的不同保留效用[10,83,84]。那么在不同组织结构的双渠道供应链博弈中,当零售商的保留效用为类型依赖时,双渠道供应链中制造商的信息甄别策略又是怎样的?当制造商和零售商的博弈周期超过单周期时,制造商应该选择完全承诺合约还是防重新谈判合约?不同的合约对制造商的信息甄别策略是否有影响?这些问题在目前的研究中还不能完全找到答案,也是本书可以研究的一个方向。

(2) 针对制造商与零售商之间的信号传递问题。

同样的,大多数学者研究的仍是单渠道供应链下的信号传递问题,并通过入场费、批发价、特许经营费、产品质量等作为信号进行信息传递[7,72,74]。虽然Li等[71]研究了双渠道供应链的信号传递问题,但其所研究的是由两个对称实体终端构成的双渠道供应链。正如前文提到的,渠道模式的不同也会对供应链成员的相关决策带来影响。特别是当双渠道供应链中含有能力存在差异的网络渠道和实体渠道时,渠道间的相互影响变得更为复杂。所以当制造商可以引入直销网店且网店可以对实体店提供的服务"搭便车"时,双渠道供应链中制造商的信号传递策略也是目前文献所没有涉及的,是一个值得研究和解决的问题。

(3) 针对制造商与零售商之间的道德风险问题。

关于供应链中道德风险问题的研究多集中于对单渠道供应链中不同合作契约下(收益共享契约、惩罚契约等),供应商与制造商之间、制造商与零售商之间的单边或双边道德风险问题的研究。对于双渠道供应链下的道德风险问题鲜有涉及。但在更为复杂的双渠道供应链中,事后信息非对称带来的风险在很大程度上会影响供应链成员的决策和收益。特别是只有实体店可以提供体验服务且网店渠道可以"搭便车"时,而消费者对体验服务重视程度又存在差异,制造商可以通过对提供体验服务的零售商支付服务补偿来提升促进产品销售。此时,在存在道德风险的双渠道供应链中,制造商该如何设计激励合约实现利润最大化,同样是值得探讨和研究的问题。当制造商和零售商的博弈周期为多周期时,制造商的激励策略会发生怎样的变化？零售商每期的行为会对制造商的激励策略带来怎样的影响？这些也是可以进一步深究的方向。

综上所述，信息非对称条件下，双渠道供应链激励机制方面仍然有很大的研究空间，并且可以结合相关领域或行业的特点，探究更贴近现实的管理方法，对于以上这些问题的研究具有较高的理论意义和实践意义。本书将在已有学者和学术成果的基础上，对相关问题进行进一步的研究。

第 3 章　事前信息非对称静态博弈
——信息甄别

3.1　引言

目前，越来越多的零售商通过在传统实体店基础上增设网店或在网络渠道的基础上增设实体店来实现实体、网络双渠道的运营模式[14]。美国线上零售额自 2011 年以来一直快速增长，到 2017 年，线上零售额已经占到总零售额的 13%[2]。许多双渠道零售商往往与其供应商（制造商）地处不同的国家，所以他们在供应链中的能力、地位也有所不同[85]。以软件行业或游戏行业为例，2012 年，美国约有 12%的软件产品（价值约 5 千万美元以上）出口[86]。当软件/游戏开发商（制造商）将产品出口到国外时，其通常会选择与当地的零售商签约代理销售。例如，2006 年，迪士尼公司授权台湾草莓软件公司在台湾发行其 3D 电玩游戏。由于迪士尼具有知名的品牌，其在与草莓软件公司议价谈判中占据优势地位，但草莓软件公司又由于其对于台湾当地市场更加了解而具有一定的信息优势。

除此之外，网店、实体店还可能会在销售同一商品时发生竞争，国外市场的销售价格也会对制造商的国内销售造成影响。因此，制造商有动机在与零售商制定的合约中限定网店、实体店的零售价格，特别当其对当地市场存在信息劣势时。在大多数海外销售中，当地零售商拥有丰富的一手销售数据，其在销售以及市场预测中更有经验[71]。如果零售商没有如实披露需求信息，这将对制造商的利润造成损害，即产生了信息非对称条件下的逆向选择问题。这种信息非对称会损害供应链的整体绩效，而制造商则希望可以通过一定的方式消除信息非对称带来的不利影响[76]。因此，在双渠道供应链中，制造商能否快速准确地获取市场信息是非常重要的。制造商甚至需要通过向零售商支付一定的信息租金以激励其真实披露需求信息。

本章研究了事前信息非对称条件下，制造商如何通过双渠道限价策略实现信息甄别，以及不同的限价策略对供应链成员的决策行为以及收益的影响。特别地，本章希望回答以下问题：

（1）信息非对称如何影响制造商向零售商提供的转移支付——定价合约？

（2）在哪些条件下制造商可以不支付信息租金实现信息甄别？即制造商是否能在信息非对称条件下实现信息对称条件下的均衡结果？

（3）制造商通过合约限定实体店（以及网店）销售价格时信息租金如何变化？

（4）事前信息非对称条件下，制造商同时限定实体店、网店售价时，制造商是否会获得更高的利润？

为了回答以上问题，本章将 Majumder 和 Shaffer[10] 的模型应用到供应链中，构建一个含有制造商和拥有网店、实体店的零售商构成的双渠道供应链模型。在该模型中，零售商可以通过两个渠道销售不完全替代商品，制造商是唯一生产商。制造商通过制定一个二级（三级）合约与零售商建立合作。

3.2 相关研究综述

本章的研究内容主要涉及双渠道供应链协调与信息非对称条件下的逆向选择

两个方面。

随着电子商务的进步，市场中出现越来越多的双渠道供应链，由此对于双渠道供应链及其协调的研究也越发重要。许多学者从不同角度对双渠道供应链的协调问题进行了研究，本书第 2.2.3 节对该部分研究综述已有梳理，此处不再赘述。

在实践中，多渠道供应链的模式不断出现，而供应链成员之间的信息往往是不对称的。因此，供应链成员应该如何应对在信息非对称环境中的信息劣势是非常有必要值得研究的。

本章研究了信息非对称条件下双渠道供应链的信息甄别问题。许多市场营销以及经济学领域的文献研究了制定合约时的逆向选择问题，并提出一定的激励机制来减少该问题的出现。例如，信息甄别合约[12]、动态合约[65]、类型独立合约[10,83,84]等。Laffont 和 Martimort[12] 讨论了信息非对称条件下的不同激励机制，分析了委托人如何选择信息甄别模型以激励代理人真实披露，以及不同情况下信息租金的变化。类似地，Cvitanić 等[65] 研究了道德风险和逆向选择问题下的动态合约问题，并对比了关停合约和信息甄别合约的效率。还有一些文献则针对类型独立时，激励代理人真实披露信息并减少信息租金的策略。Xiao 和 Yang[62] 通过构建一个信息披露机制模型来研究制造商如何利用批发价—订货量合约激励零售商披露信息。他们发现制造商为风险规避型零售商制定的最优批发价会由于制造商分摊的成本多少而有所不同。与以往假设保留效用为 0 的研究不同，Lewis 和 Sappington[83] 研究了与类型独立以及补偿激励相关的代理问题。当代理人有动机在某些情况下隐藏信息或谎报信息时，补偿激励问题就出现了。Majumdar 和 Shaffer[10] 研究了一个占优势的制造商和一个外部市场内的供应商同时销售产品给一个零售商，该零售商了解市场的需求状态。该研究指出，在一定条件下，市场份额合约可以使制造商降低信息非对称的影响，并实现完全信息条件下的收益。

通过以上综述发现，已有的研究大多集中在研究单渠道供应链结构下或存在一个外部性竞争市场时的逆向选择问题。而在双渠道供应链结构下，大多数学者主要研究的是收益、信息共享、定价策略以及渠道结构等问题。而这些研究则很少涉及双渠道供应链的逆向选择问题。对于研究信息甄别的文献也大多是在含有一个委托人和一个代理人的单渠道结构下展开研究的。在这些研究中,制造商只提供一个规定实体零售价和转移支付的合约。与以上研究不同,本章是在双渠道供应链结构下研究信息甄别问题,并对比只限定实体渠道定价的合约——单渠道限价合约,和同时限定实体店、网店定价的合约——双渠道限价合约,对信息租金以及制造商和零售商决策的不同影响。本章的研究结果也与 Cavallo[87] 对实体店、网店定价的调研结果相符合,对供应链管理实践具有一定的指导和借鉴价值。

3.3 模型构建

本节考虑一个产品制造商(M)和一个零售商(R)组成的二级供应链模型中,制造商委托零售商进行产品销售,并收取转移支付 $t^S(S \in \{H, L\})$,如图 3-1 所示。零售商以价格 p_r 在实体店进行产品销售。除实体店外,零售商还具有网上渠道的经营权,并以价格 p_e 销售产品。由于零售商更靠近市场,所以零售商可以确切地了解市场类型 α^S(α^H 代表市场类型为高,α^L 代表市场类型为低,且假设 $\alpha^H > \alpha^L$,$\alpha^L > \rho\alpha^H$)。而市场类型 α^S 对于制造商是未知的,其只能了解 α^S 的分布,即 $\Pr(\alpha=\alpha^H)=\rho$,$\Pr(\alpha=\alpha^L)= 1-\rho$,且 $0<\rho<1$。因此市场类型是零售商的私有信息(为了表述方便,下文直接称 α^S 为零售商的私有类型)。市场类型将影响需求量并最终影响参与人的收益。因为 α^S 为零售商的私有类型,零售商有可能为了降低转移支付而隐瞒真实的市场类型。因此制造商可以通过向零售商提供合约激励零售商披露真实的信息。

假设实体店、网店的需求分别为 $q_r^S = x\alpha^S - \beta p_r^S + \gamma p_e^S$,$q_e^S = (1-x)\alpha^S - \beta p_e^S + \gamma p_r^S$ [31,88,89]。其中,x 表示实体渠道的市场份额,β 表示需求的价格弹性系数,γ

表示交叉价格弹性，$\beta, \gamma \in [0, 1]$。由于产品自身的价格对需求的影响程度要高于其替代品价格对本产品需求的影响，因此有 $\beta > \gamma$。进一步可得零售双渠道在市场类型 α^S 的总收益函数为 $R^S(p_r^S, p_e^S) = p_r^S q_r^S + p_e^S q_e^S$。表 3-1 对本章出现的符号进行了说明。

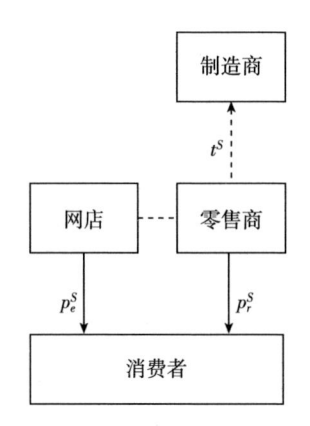

图 3-1　双渠道供应链信息甄别模型

表 3-1　符号说明

符号	含义
t	转移支付，$t \in \{t^H, t^L\}$
S	市场需求状态，$S \in \{H, L\}$
p_i	渠道 i 的产品价格，$i \in \{r, e\}$
q_i	渠道 i 的产品销量，$i \in \{r, e\}$
R^S	网店独立确定售价情形下的供应链收益，$S \in \{H, L\}$
R_i^S	网店独立确定售价情形下的渠道 i 的收益，$S \in \{H, L\}$，$i \in \{r, e\}$
G^S	网店售价跟随实体店售价确定的供应链收益，$S \in \{H, L\}$
G_i^S	网店独立确定售价情形下渠道 i 的收益，$S \in \{H, L\}$，$i \in \{r, e\}$
α	市场类型 $\alpha \in \{\alpha^H, \alpha^L\}$
ρ	市场类型为高的概率，$\rho \in (0, 1)$
x	实体渠道的市场份额

续表

符号	含义
β	需求的价格弹性系数，$\beta<1$
γ	交叉价格弹性系数，$\gamma<\beta$
$o\in\{F,N,P\}$	依次代表完全信息、单渠道限价、双渠道限价模式

因此，制造商对零售商宣布合作契约 (t^S, p_r^S)，规定零售商需要上缴的转移支付 t^S，以及实体店的销售定价 p_r^S，产生信息租金，进而实现信息甄别。

经典的信息甄别是单一委托人对单一代理人的单一任务，但是在双渠道情形下，代理人对单一的私有信息，有两个渠道的收益，委托人可以通过调整对代理人的策略（如进一步对网络渠道限制定价）从而达到提升自己收益、降低信息租金的目的。另外，经典的信息甄别模型大多假设代理人在不同市场状态下的保留效用是相同的。但现实中，零售商在高市场需求下可能会有更多的外部选择[10]。本章用 U^S 表示零售商的保留效用，且假设高市场需求下保留效用高于低市场需求下的保留效用，即 $U^H>U^L$。

因此，模型涉及的制造商、零售商的博弈时序为：①制造商向零售商提供单渠道限价合约 (t^S, p_r^S)（或双渠道限价合约 (t^S, p_r^S, p_e^S)）；②零售商接受合约并根据观察到的需求确定网店定价 p_e^S（按限价合约中的零售价 p_r^S 和 p_e^S 销售）；③需求实现，各方完成销售和收益（见图 3-2）。

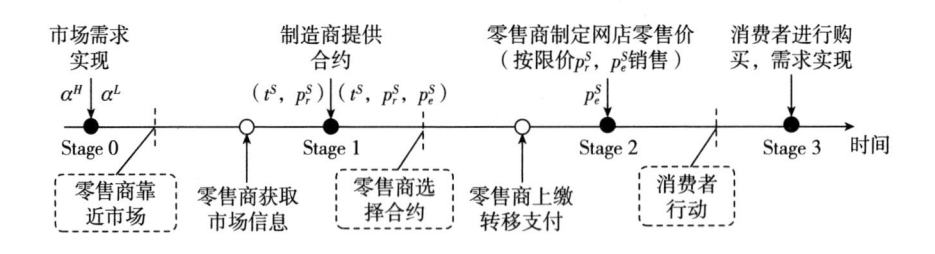

图 3-2 模型博弈时序

3.4 完全信息条件下制造商策略

完全信息条件下，制造商和零售商同时观察到市场类型，因此制造商可以针对每种具体市场类型设计合理的资源配置契约（t^{SF}，p_r^{SF}），确定针对每种市场类型时使系统总体收益最优的实体店定价 p_r^{SF*}，网店渠道随之定价；转移支付 t^{SF*} 使得零售商获得与其保留效用 U^S 相等的利润，而制造商获得交易中的全部剩余，并承担所有风险。系统总收益为两个渠道销售之和：

$$R^S(p_r^S, p_e^S) = p_r^S q_r^S + p_e^S q_e^S \tag{3-1}$$

根据图 3-2 的博弈时序，按照逆向归纳法，零售商先确定网店渠道的最优定价，可以表示为 p_r 的函数：

$$p_e^S(p_r^S) = \mathop{\text{argmax}}_{p_e} R^S(p_r^S, p_e^S) = \frac{(1-x)\alpha^S + 2p_r^S\gamma}{2\beta} \tag{3-2}$$

由于 $\partial p_e^S(p_r^S)/\partial p_r^S > 0$，所以当实体店价格上升时，网店渠道的价格也会有所上升。

将 $p_e^S(p_r^S)$ 代入式（3-1），系统收益可以表达为只依赖于实体店定价 p_r 的形式，用 $G^S(p_r^S)$[①] 表示，见式（3-3）。

$$G^S(p_r^S) = R^S(p_r^S, p_e^S(p_r)) = p_r^S(x\alpha^S - p_r^S\beta) + \frac{((1-x)\alpha^S + 2p_r^S\gamma)^2}{4\beta} \tag{3-3}$$

且有 $\partial G^S(p_r^S)/\partial \alpha^S = p_r^S x + [(1-x)((1-x)\alpha^S + 2p_r^S\gamma)]/(2\beta) > 0$，即 $G^H(p_r^H) > G^L(p_r^L)$，另可得 $\partial[G^H(p_r) - G^L(p_r)]/\partial p_r > 0$。由 $\partial G^S(p_r^S)/\partial p_r^S = 0$ 得到完全信息条件下实体店的最优定价 p_r^{SF*}，代入 $p_e^S(p_r^S)$ 可得网店渠道最优定价 p_e^{SF*}。由此可以得到命题 3-1，本章所有证明见附录。

[①] 当 p_r、p_e 存在关系 $p_e^S(p_r^S)$ 时（式（3-2）），供应链收益用 $G^S(p_r^S)$ 表示，即 $G^S(p_r^S) = R^S(p_r^S, p_e^S(p_r))$；当 p_r、p_e 不存在关系 $p_e^S(p_r^S)$ 时，供应链收益用 $R^S(p_r^S, p_e^S)$ 表示。

命题 3-1 完全信息条件下，制造商的最优策略为合约 (t^{HF*}, p_r^{HF*})，(t^{LF*}, p_r^{LF*})，其中：

$$p_r^{SF*} = \frac{\lambda_r \alpha^S}{2(\beta^2-\gamma^2)}, \quad p_e^{SF*} = \frac{\lambda_e \alpha^S}{2(\beta^2-\gamma^2)}$$

$$t^{SF*} = \frac{(\alpha^S)^2 \left[(1-2x+2x^2)\beta + 2(1-x)x\gamma\right]}{4(\beta^2-\gamma^2)} - U^S$$

其中，$S \in \{H, L\}$，$\lambda_r = x\beta + (1-x)\gamma$，$\lambda_e = (1-x)\beta + x\gamma$。

完全信息条件下，制造商确定最优合约 $\{(t^{HF*}, p_r^{HF*}), (t^{LF*}, p_r^{LF*})\}$，零售商获得保留效用 U^S，因此，制造商获得的转移支付即为供应链的总收益与零售商保留效用的差值 $t^{SF*} = R^{SF*} - U^S$。图 3-3 显示了系统收益和实体店定价之间的关系。此时制造商不需要支付信息租金，系统收益达到最大，制造商承担全部风险。

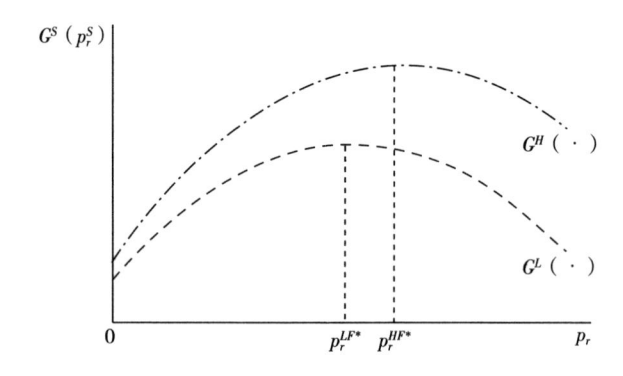

图 3-3 完全信息条件下供应链收益

λ_r 和 λ_e 由 x，β，γ 决定，特别地，当 $x=0.5$ 时，即网店、实体店具有同样的市场份额（$\lambda_r = \lambda_e$）时，可以得到推论 3-1：

推论 3-1 完全信息条件下，如果网店、实体店具有相等的市场份额（$x=0.5$，$\lambda_r = \lambda_e$），两个渠道的定价相同（$p_r^{SF*} = p_e^{SF*}$）；如果实体店的市场份额高于网店（$x>0.5$，$\lambda_r > \lambda_e$），实体店定价将高于网店定价；反之亦然。

但在供应链实践中，无法实现完全信息的激励机制，因此，下文分别讨论了非对称信息条件下的两种激励情形：单渠道限价的甄别模型和双渠道限价的甄别模型。

3.5 单渠道限价合约下的信息甄别模型

信息非对称情形下，零售商有谎报市场类型的倾向，以提高自己的收益。因此制造商可以提供单渠道限价合约 $\{(t^{HN}, p_r^{HN}), (t^{LN}, p_r^{LN})\}$，通过指定不同市场条件下的转移支付和实体店价格，付出一定的信息租金，激励零售商披露真实的市场需求类型 α^S。根据直接显示原理，可得制造商的最优问题为：

$$\max_{\{t^{SN}, p_r^{SN}\}} \pi_m = \rho t^{HN} + (1-\rho) t^{LN} \tag{3-4}$$

$$\text{s.t. } G^H(p_r^{HN}) - t^{HN} \geq G^H(p_r^{LN}) - t^{LN} \quad (\overline{IC}) \tag{3-5}$$

$$G^L(p_r^{LN}) - t^{LN} \geq U^L \quad (\underline{IR}) \tag{3-6}$$

式中，$(\overline{IC})$ 代表市场状态为高时零售商的激励约束，$(\underline{IR})$ 代表市场状态为低时零售商的参与约束。由此可以得到实体店和网店渠道的最优定价以及转移支付，见命题3-2。

命题3-2 非对称信息条件下，单渠道限价合约下制造商的最优策略为合约 $\{(t^{HN*}, p_r^{HN*}), (t^{LN*}, p_r^{LN*})\}$：

$$p_r^{HN*} = p_r^{HF*}, \quad p_r^{LN*} = \lambda_r(\alpha^L - \rho\alpha^H)\beta m$$

$$t^{HN*} = \frac{1}{2}\lambda_r^2 m[(\Delta\alpha)^2 + (\alpha^L)^2 + \rho\alpha^H(\Delta\alpha - \alpha^L)] + \frac{(1-x)^2(\alpha^L)^2}{4\beta} - U^L$$

$$t^{LN*} = (\rho\alpha^H - \alpha^L)[m\lambda_r[(\rho\alpha^H - \alpha^L)\lambda_r(m\gamma^2 - \beta^3) - \gamma(1-x)(\alpha^L)] - \beta\lambda_r x\alpha^L] + \frac{(1-x)^2(\alpha^L)^2}{4\beta} - U^L$$

其中，$m = 1/[2\beta(\beta^2 - \gamma^2)(1-\rho)] \ (m>0)$，$\Delta\alpha = \alpha^H - \alpha^L$。

由于制造商没有限定网店渠道定价，零售商可以根据已有合约以及市场需求，自行确定网店定价①。通过对比命题3-1和命题3-2，可得到推论3-2：

推论3-2 与信息对称情形比较，单渠道限价时的非对称信息情形下：

(1) 高市场状态下实体店和网店渠道的定价不发生扭曲（$p_r^{HN*}=p_r^{HF*}$，$p_e^{HN*}=p_e^{HF*}$）；

(2) 低市场状态条件下，实体店和网店的定价都向下扭曲，即$p_r^{LN*}<p_r^{LF*}$，$p_e^{LN*}<p_e^{LF*}$，从而支付给高类型零售商信息租金，且实体店定价向下扭曲的程度高于网店定价向下扭曲的程度，即$p_r^{LF*}-p_r^{LN*}>p_e^{LF*}-p_e^{LN*}$；

(3) 当且仅当$\lambda_r>(1-x)\alpha^L/[2\beta^2 m(1-\gamma)(\alpha^L-\rho\alpha^H)]$时，$p_r^{LN*}>p_e^{LN*}$，即只有当实体渠道的市场份额足够高时，实体渠道的定价才会高于网络渠道。

推论3-2表明，在低市场状态条件下，信息非对称导致两个渠道的定价都向下扭曲，而且制造商需要支付信息租金给高市场状态时的零售商，以激励其披露真实的信息。信息非对称时，实体店最优定价向下扭曲至p_r^{LN*}，由于网店定价p_e^{LN}是根据p_r^{LN}确定的，即p_e^{LN}与p_r^{LN}之间存在式(3-2)的关系，即$p_e^{LN}(p_r^{LN})=[(1-x)\alpha^L+2p_r^{LN}\gamma]/(2\beta)$，且$\gamma<1$，所以网店最优定价也向下扭曲，即$p_e^{LN*}<p_e^{LF*}$。值得注意的是，此时即便$\lambda_r=\lambda_e$，实体店、网店的定价也是不同的。由于$\gamma<\beta$，所以网店向下扭曲程度低于实体店定价向下扭曲的程度，即$p_r^{LF*}-p_r^{LN*}>p_e^{LF*}-p_e^{LN*}$，正如推论3-2的(2)所示。

信息非对称对价格的影响，间接使系统收益在成员间以及两个渠道间重新分配。供应链的收益为$G=\rho G^H+(1-\rho)G^L$，由于高市场状态下网店和实体店定价都没有变化，即G^H保持不变。因此考察供应链收益的变化时，仅需分析低市场状态下供应链收益G^L的变化情况即可。图3-4将低市场状态下λ_r和λ_e取不同值时供应链的收益拆分为实体渠道收益$G_r^L(\cdot)$和网络渠道收益$G_e^L(\cdot)$（表示为p_r^L的函数）进行对比分析。

---

① 零售商根据制造商提供的单渠道限价合约，确定的最优网店定价为$p_e^{HN*}=p_e^{HF*}$，$p_e^{LN*}=\gamma\lambda_r\beta(\alpha^L-\rho\alpha^H)m+(1-x)\alpha^L/2\beta$。

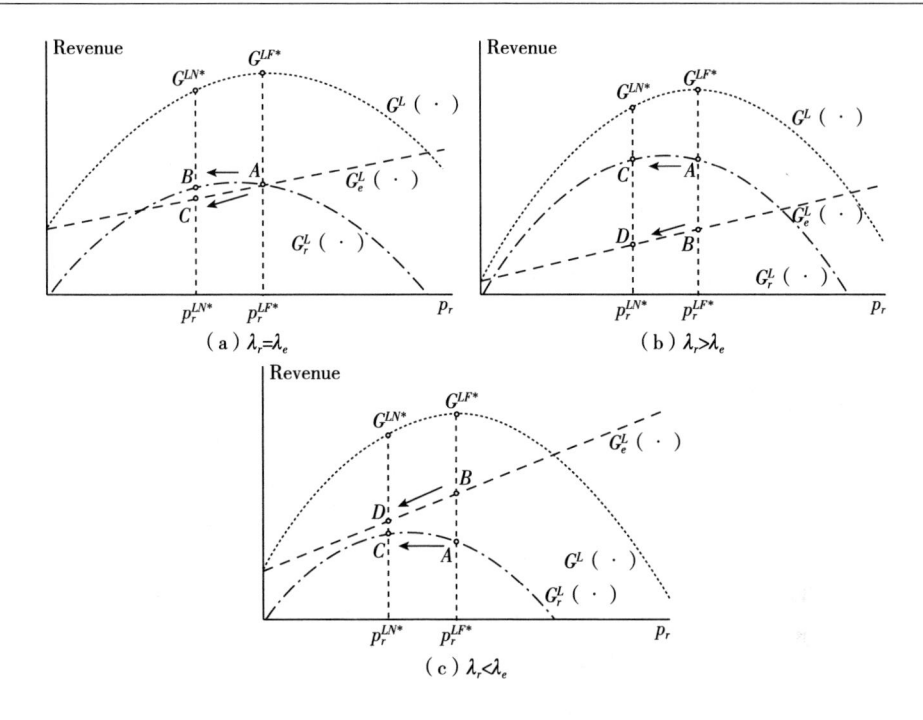

图 3-4 低市场状态下实体店与网店收益对比①

图 3-4（a）是 $x=0.5(\lambda_r=\lambda_e)$ 时的情况。完全信息条件下，实体店最优定价为 p_r^{LF*}，此时网店和实体店收益相同（$G_r^L(p_r^{LF*})=G_e^L(p_r^{LF*})$），即为图中的 A 点（可证 A 点在实体店收益最高点的右侧），供应链的整体收益为 $G^L(p_r^{LF*})$。由此市场需求在双渠道之间重新分配，实体店的收益变为图中的 B 点，网店收益变为图中的 C 点。由于 $\partial G_e^L/\partial p_r^L>0$，所以 p_e^L 向下扭曲后网店收益下降。相反，实体店的收益从 A 点变为 B 点，其收益可能增加也可能降低。由此可以得到单渠道限价条件下非对称模型对实体渠道收益的影响，见推论 3-3 的（2）。

图 3-4（b）和（c）分别为 $\lambda_r>\lambda_e$ 和 $\lambda_r<\lambda_e$ 的情况。信息非对称条件下，市场需求为低类型时供应链的整体收益为 $G^L(p_r^{LN*})$，并在两个渠道之间进行分配，与 $\lambda_r=\lambda_e$ 时的情况相同。但由于此时网店、实体店的市场份额不同，实体店（网

---

① 图中 $G^{LF*}=G^L(p_r^{LF*})$，$G^{LN*}=G^L(p_r^{LN*})$。

店)的收益从 A 点(B 点)移动到 C 点(D 点)。由此得到单渠道限价合约对供应链及渠道收益的影响,见推论 3-3。

推论 3-3 与完全信息模式对比,单渠道限价的非对称信息条件下,

(1) 低市场状态时的网店收益下降;

(2) 当实体渠道的市场份额满足条件 $\lambda_r < ((\lambda_r - x\beta(1-\rho))\alpha^L)/(\rho\alpha^H)$ 时,实体店的收益增加,反之下降;

(3) 供应链的总收益下降,即 $G^L(p_r^{LN*}) < G^L(p_r^{LF*})$。

由推论 3-3 可知,虽然实体店的收益在 $\lambda_r < ((\lambda_r - x\beta(1-\rho))\alpha^L)/(\rho\alpha^H)$ 时会增加,但是,其增加的幅度小于网店收益减小的幅度。两个渠道收益变化的总效应导致供应链的总收益下降至 $G^L(p_r^{LN*})$。此时,信息非对称导致了系统低效率,制造商支付信息租金,供应链总收益下降。下文将对网店实施限制定价,讨论制造商如何通过双渠道限价措施,达到降低信息租金、提升收益的目的。

3.6 双渠道限价合约下的信息甄别模型

由前文分析可知,信息非对称使制造商不得不支付信息租金给零售商,从而激励零售商披露真实的市场类型,接下来本节将讨论制造商通过进一步对网店限价即双渠道限价的手段重新调整系统内资源配置。此时,制造商对零售商宣布合作契约 $(t^{SP}, p_r^{SP}, p_e^{SP})$,在原来指定转移支付 t^{SP} 以及实体店定价 p_r^{SP} 的基础上,进一步对网店定价进行了限制 p_e^{SP}。此时博弈时序就变为制造商同时对实体店和网店定价进行决策。因此,在双渠道限价情形下,制造商通过确定 p_r^{SP}、p_e^{SP} 最大化其收益,此时制造商的目标函数为:

$$\max_{\{t^{SP}, p_r^{SP}, p_e^{SP}\}} \pi_m = \rho t^{HP} + (1-\rho) t^{LP}$$

$$\text{s.t. } R^H(p_r^{HP}, p_e^{HP}) - t^{HP} \geq R^H(p_r^{LP}, p_e^{LP}) - t^{LP} \quad (\overline{IC})$$

$$R^L(p_r^{LP}, p_e^{LP}) - t^{LP} \geq R^L(p_r^{HP}, p_e^{HP}) - t^{HP} \quad (I\underline{C})$$

$$R^H(p_r^{HP}, p_e^{HP}) - t^{HP} \geq U^H \quad (I\overline{R})$$

$$R^L(p_r^{LP}, p_e^{LP}) - t^{LP} \geq U^L \quad (I\underline{R}) \tag{3-7}$$

式（3-7）中，$(I\overline{C})$、$(I\underline{C})$ 分别代表市场状态为高和为低时零售商的激励约束，$(I\overline{R})$、$(I\underline{R})$ 分别代表市场状态为高和为低时零售商的参与约束。由此可得，制造商的收益表示为：

$$\pi_m = \rho\{R^H(p_r^{HP}, p_e^{HP}) - \max[R^H(p_r^{LP}, p_e^{LP}) - R^L(p_r^{LP}, p_e^{LP}) + U^L, U^H]\} +$$
$$(1-\rho)[R^L(p_r^{LP}, p_e^{LP}) - U^L] \tag{3-8}$$

式（3-8）存在两种情况，下面分别讨论两种情况下的限制定价合约。

情况1：

当 $R^H(p_r^{LP}, p_e^{LP}) - R^L(p_r^{LP}, p_e^{LP}) + U^L > U^H$ 时，制造商的利润函数式（3-8）可以改写为：

$$\pi_m^1 = \rho[R^H(p_r^{HP}, p_e^{HP}) - R^H(p_r^{LP}, p_e^{LP})] + R^L(p_r^{LP}, p_e^{LP}) - U^L \tag{3-9}$$

情况2：

当 $R^H(p_r^{LP}, p_e^{LP}) - R^L(p_r^{LP}, p_e^{LP}) + U^L < U^H$ 时，制造商的利润函数式（3-8）改写为：

$$\pi_m^2 = \rho[R^H(p_r^{HP}, p_e^{HP}) - U^H] + (1-\rho)[R^L(p_r^{LP}, p_e^{LP}) - U^L] \tag{3-10}$$

通过对两种情况下制造商的目标函数求解，可以得到双渠道限制定价合约下的最优定价策略，见命题3-3。

命题3-3 双渠道限价条件下信息甄别模型的最优定价策略为：

$$p_r^{HP*} = p_r^{HF*}, \quad p_e^{HP*} = p_e^H(p_r^{HF*})$$

$$\{p_r^{LP*}, p_e^{LP*}\} = \begin{cases} \{p_r^{LN*}, \widetilde{p}_e^{LN*}\} & \text{if } \alpha^H \leq f_1(\alpha^L, \beta) \\ \{\lambda_e n, \lambda_e n\} & \text{if } f_1(\alpha^L, \beta) < \alpha^H \leq f_2(\alpha^L, \beta) \\ \{p_r^{LF*}, p_e^{LF*}\} & \text{if } \alpha^H > f_2(\alpha^L, \beta) \end{cases}$$

其中，$\alpha^L < \sqrt{\dfrac{2\Delta U(\beta^2-\gamma^2)\rho}{((1-\rho)\kappa)}}$，$\kappa = (1-x)\lambda_e + x\lambda_r$.

$$f_1(\alpha^L, \beta) = \frac{\rho+\alpha^L}{2\rho} + \frac{\sqrt{\kappa^2(\rho-\alpha^L)^2 - 8\Delta U(\beta^2-\gamma^2)(1-\rho)\rho}}{2\rho\kappa}$$

$$f_2(\alpha^L, \beta) = \frac{2\Delta U(\beta^2-\gamma^2)}{\kappa\alpha^L} + \alpha^L$$

$$\Delta U = U^H - U^L, \quad n = \frac{(1-x)^2(\alpha^H+\alpha^L)}{4\beta(\lambda_e - x(\beta-\gamma)(1-2x))}, \quad \tilde{p}_e^{LN*} = \lambda_e\beta(\alpha^L - \rho\alpha^H)m$$

由命题 3-3 可得，高市场状态下的定价策略与完全信息条件下的策略相同。特别地，当 $\lambda_r = \lambda_e$ 时，网店和实体店的定价始终保持一致 $p_r^{LP*} = p_e^{LP*}$。而低市场状态下的定价策略则与 α^H、α^L、λ_r 以及 λ_e 有关。市场波动以及替代品的存在对于供应链成员的收益会造成影响，进而影响制造商、零售商的定价决策。本章用 α^H/α^L 刻画市场波动的强度，用 β/γ 描述竞争产品的替代性，且有 $1<\alpha^H/\alpha^L<1/\rho$，$\beta/\gamma>1$。因此 α^H/α^L 越大则市场的波动性越强，β/γ 越大，则替代品对本产品的影响程度越小。由此可以得到市场波动性与产品替代性对定价的影响（见图 3-5）。

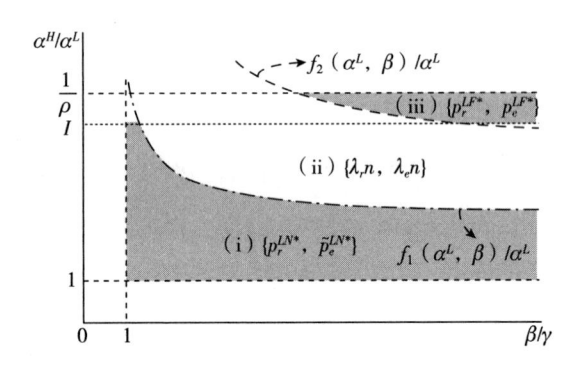

图 3-5 市场波动性与产品替代性对价格选择的影响 ($\rho=0.2$)[①]

当 $\alpha^H < f_1(\alpha^L, \beta)$ 时，如图 3-5 区域（i），市场波动性较小，价格对产品替

---

① 为了把 $f_1(\alpha^L, \beta)/\alpha^L$ 和 $f_2(\alpha^L, \beta)/\alpha^L$ 表示为 α^H/α^L 的函数，以及为了更高地分析不同参数的影响，此处及以后的图表及计算中都取 $U^S = ((1-x)a^S)^2/(4\beta)$。$U^S$ 的取值不会影响分析结果。

代性的敏感度较低，此时渠道定价与单渠道限价合约下的实体店定价相同，即 $p_r^{LP*} = p_r^{LN*}$；不同的是，双渠道限价使得网店的定价从 p_e^{LN*} 进一步向下扭曲至 $\tilde{p}_e^{LN*}$。当 $f_1(\alpha^L, \beta) \leqslant \alpha^H < f_2(\alpha^L, \beta)$ 时，如图 3-5 区域（ii），实体店和网店定价 (p_r^{LP*}, p_e^{LP*}) 为 $(\lambda_r n, \lambda_e n)$，且可证在此区间内，$p_r^{LN*} < \lambda_r n < p_r^{LF*}$，即网店定价仍有向下扭曲，但扭曲程度较小，而实体店定价高于单渠道限价合约下的定价，即向下扭曲程度有所缓解。

值得注意的是，当 $\alpha^H \geqslant f_2(\alpha^L, \beta)$ 时，市场波动大，价格对产品的替代性非常敏感。产品替代性较小（β/γ 较大）时，制造商的定价决策落在图 3-5 区域（iii），实体店和网店定价与完全信息条件下的定价相同，即 $p_i^{LP*} = p_i^{LF*}$（$i \in \{e, r\}$），此时网店和实体店的定价不发生扭曲，制造商不需要支付信息租金。

市场波动强时产品替代性对产品定价的影响如图 3-5 中直线 l 所示。当 $\beta/\gamma \to 1$ 时，即产品的替代性很强时，市场波动性对定价的影响较低，制造商会选择最低定价（p_r^{LN*}，$\tilde{p}_e^{LN*}$）。此时市场接近于完全竞争市场的情况，制造商只能选择最低定价，否则会被替代品完全占领市场。反之，当 $\beta/\gamma \to \infty$ 时，即产品的替代性很弱时，市场接近于垄断市场，此时制造商定价不需要考虑竞争商品的影响，仅根据市场波动性选取定价，市场波动性越强，定价越高。由以上分析可得推论 3-4。

推论 3-4 信息非对称条件下，采用双渠道限价合约：

（1）当且仅当 $\alpha^L < \sqrt{2\Delta U(\beta^2 - \gamma^2)\rho/((1-\rho)\kappa)}$ 时，制造商可以实现完全信息时的定价策略；

（2）与单渠道限价合约相比，当 $\alpha^H \leqslant f_1(\alpha^L, \beta)$ 时，实体渠道定价不变而网络渠道定价向下扭曲，即 $p_e^{LP*} < p_e^{LN*}$；

（3）市场波动性越强（α^H/α^L 越大），产品的替代性越小（β/γ 越大），制造商在低市场状态设置的定价越高，而高市场状态的定价不受影响；

（4）特别地，当 $\lambda_r = \lambda_e$ 时，制造商设定的实体店、网店定价相同，即 $p_r^{LP*} = p_e^{LP*}$。

因此，制造商如果选择单渠道限价合约以降低信息租金，其定价决策将受到市场波动性、产品替代性、市场状态分布等多方面的影响。

3.7 信息非对称对双渠道供应链绩效的影响

本节在前文得出单渠道限价合约下的激励策略前提下，分析供应链以及各成员的绩效变化。为了简便分析，本节只讨论实体店、网店所占市场份额相等时的情况，即 $x=0.5$，$\lambda_e=\lambda_r$。

3.7.1 供应链总收益分析

通过上文的分析可知，制造商可以根据不同的实际情况（α^H、α^L、β 以及 γ 之间不同的函数关系）制定不同合约，使得实体店和网店定价发生不同程度的扭曲，并导致利润在两个渠道之间的不同分配，进而影响制造商的收益和信息租金的支付。同样，由于高市场状态的定价没有变化，因此仅对低市场状态下实体店和网店的收益进行分析。结论 3-1 反映了双渠道限价合约对供应链整体收益及实体店、网店收益的影响。

结论 3-1 低市场状态下，当 $\lambda_e=\lambda_r$，$\rho>1/3$，或 $\beta \geq \gamma(1+\rho)/(1-3\rho)$ 且 $3-2\sqrt{2}<\rho \leq 1/3$，或 $\beta \geq \gamma(1-\rho)/(2\rho)$ 且 $\rho \leq 3-2\sqrt{2}$ 时，双渠道限价合约会导致两种情况：

（1）当 $\alpha^H > f_2(\alpha^L, \beta)$ 时，网店和实体店收益、供应链收益与完全信息状态下相同；

（2）否则，实体店和供应链收益下降；当 $\alpha^H \in [\alpha^L, f_3(\alpha^L, \beta)] \cup [3\alpha^L, f_2(\alpha^L, \beta)]$ 时，网店收益上升，当 $\alpha^H \in [f_3(\alpha^L, \beta), 3\alpha^L]$ 时，网店收益下降。

其中，

$$f_3(\alpha^L, \beta) = \frac{(\gamma+\beta\rho-\gamma\rho)\alpha^L}{\beta\rho}$$

图 3-6 和图 3-7 分别反映了双渠道限价合约对实体店网店以及供应链收益的影响。对于供应链的收益，高状态的收益没有变化，低状态的收益向下扭曲或保持不变。供应链收益的变化可以用图 3-6 表示。$G^H(\cdot)$、$G^L(\cdot)$ 分别表示单渠道限价合约下高市场状态和低市场状态的供应链收益，且满足 $p_e^S(p_r^S)=((1-x)\alpha^S+2p_r^S\gamma)/(2\beta)$。$R^H(\cdot)$、$R^L(\cdot)$ 分别表示双渠道限价合约下高市场状态和低市场状态的供应链收益，且满足 $p_e^{SP}=p_r^{SP}$。图中空心点表示单渠道限价条件下供应链的收益情况，实心点为实施双渠道限价后的系统收益。从图中可以看出，只有当 $p_r^{LP*}=p_e^{LP*}=p_r^{LF*}$ 时，低市场状态的供应链收益才能实现完全信息条件下的最优状态（即图 3-6 中的 G^{LF*} 及图 3-7 中的 A 点），如结论 3-1 的(1)所述。而离 p_r^{LF*} 越远，供应链收益向下扭曲的程度越大。由于 $p_r^{LN*}<(\alpha^H+\alpha^L)/(16\beta)<p_r^{LF*}$，因此双渠道限价合约设定在 $p_r^{LP*}=p_e^{LP*}=p_r^{LN*}$ 时，供应链收益向下扭曲程度最大，$p_r^{LP*}=p_e^{LP*}=(\alpha^H+\alpha^L)/(16\beta)$ 时，可一定程度上缓解供应链收益向下扭曲的程度。

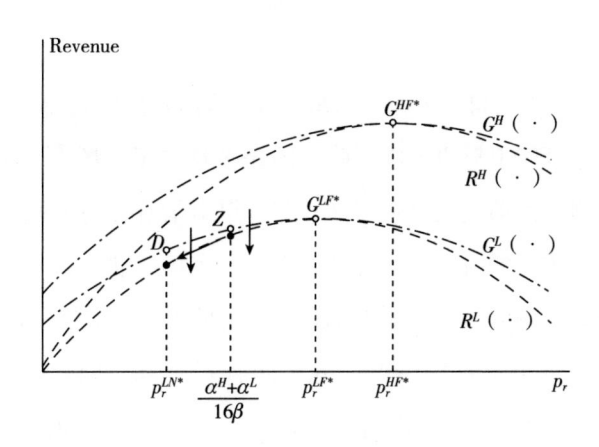

图 3-6　供应链收益变化示意图①

而网店和实体店收益的变化情况，与单渠道限价合约下的模型不同，图 3-7 反映了实体店和网店收益的变化情况之一。由于双渠道限价时网店和实体店的定

---

① 图中 $G^L(\cdot)=G^L(p_r)$，$R^L(\cdot)=R^L(p_r, p_e)$。

价始终保持一致，因此，此时两个渠道的收益函数相同，即 $R_r^L(\cdot) = R_e^L(\cdot)$。在 $p_r^L < p_r^{LF*}$ 时，$R_r^L(\cdot)$ 恒小于 $G_r^L(\cdot)$，所以，当实体店定价设在小于 p_r^{LF*} 的水平上时，实体店的收益必然会下降。

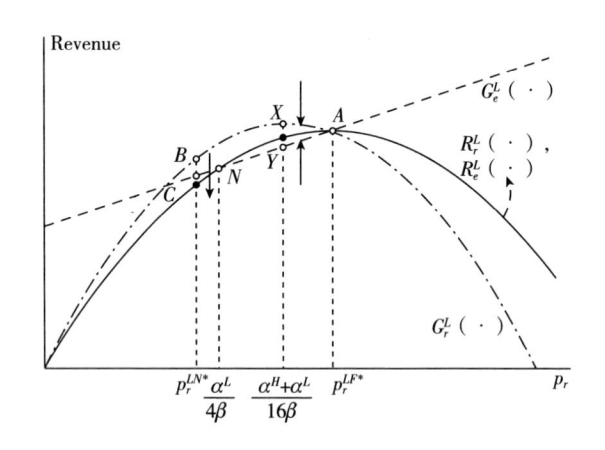

图 3-7　网店实体店收益变化示意图

从结论 3-1 的（2）可以看出，采取双渠道限制定价后，相比单渠道限价时的情况，网店收益可能上升也可能下降。图 3-8 反映了市场波动性与产品替代性对网店收益的影响。从前文的分析可知，与单渠道限价合约下的情况相比，双渠道限价合约下，实体店的收益是下降的，因此，市场波动性与产品替代性对于实体店的收益是没有影响的，主要影响的是网店的收益。当 $\alpha^H < f_3(\alpha^L, \beta)$ 时，如图 3-8 区域(i)所示，$p_r^{LP*} = p_e^{LP*} = p_r^{LN*}$，此区间有 $p_r^{LN*} > \alpha^L/(4\beta)$[①]，因此网店收益上升，实体店收益下降；当 $f_3(\alpha^L, \beta) \leq \alpha^H < f_1(\alpha^L, \beta)$ 时，如图 3-8 区域(ii)所示，$p_r^{LN*} \leq \alpha^L/(4\beta)$，网店和实体店收益都下降；当 $f_1(\alpha^L, \beta) \leq \alpha^H < 3\alpha^L$ 时，如图 3-8 区域(iii)所示，$p_r^{LP*} = p_e^{LP*} = (\alpha^H + \alpha^L)/(16\beta)$，且 $(\alpha^H + \alpha^L)/(16\beta) < \alpha^L/(4\beta)$，网店和实体店收益都下降；当 $3\alpha^L \leq \alpha^H < f_2(\alpha^L, \beta)$ 时，如图 3-8 区域(iv)所示，$(\alpha^H + \alpha^L)/(16\beta) > \alpha^L/(4\beta)$，网店收益上升，实体店收益下降；当 $\alpha^H > f_2$

---

① 由 $G_e^L(\cdot) = R_e^L(\cdot)$ 可得 $p_r^L = \alpha^L/4\beta$。

(α^L, β)时,如图3-8区域(v)所示,网店和实体店定价与完全信息状态时相同,因此其收益也与完全信息状态下相同。推论3-5反映了市场波动性、产品替代性对网店收益的影响。

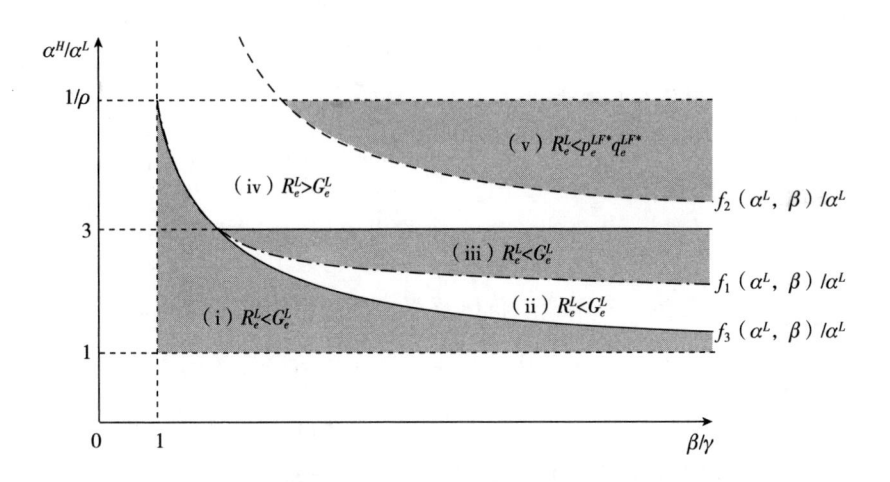

图3-8 市场波动性和产品替代性对网店收益的影响（$\rho=0.2$）

推论3-5 市场波动性较大($\alpha^H/\alpha^L>3$)时,网店收益不受产品替代性影响,且比单渠道限价条件下收益增大;当市场波动性较小($\alpha^H/\alpha^L<3$)时,产品替代性对网店收益影响增大,网店收益可能增大也可能减小。

从推论3-5可知,网店收益的变化受到市场波动性以及产品替代性的影响。制造商可以根据具体的市场情况以及竞争产品的情况,选择定价策略,进而决定两个渠道的收益分配,达到提高自身收益的目的。制造商的收益又与其支付给零售商的信息租金有关,因此,下文从信息租金角度对制造商的收益进行分析,以研究非对称信息对制造商收益及信息租金的影响。

3.7.2 信息租金分析

前文对不同条件下供应链收益、网店以及实体店的收益都进行了详细的分析,从之前的分析可知,信息非对称对高市场状态下的供应链收益没有影响,但低市场状态下供应链的整体收益下降,而网店限价导致供应链收益进一步向下扭曲,其中实体店收益下降,网店收益可能上升也可能下降。但对于制造商来说,其收益包括 t^H 和 t^L 两部分,因此,制造商在不同条件下的收益会受到高市场状态和低市场状态的双重影响。此外,在信息非对称的条件下,制造商需要支付信息租金以激励零售商披露真实的市场信息。根据前文的定价策略,可以得到无附加限制条件和网店限价条件下制造商需要支付的信息租金。本小节对每种状态下制造商的收益 $\pi_m = \rho t^{HP} + (1-\rho)t^{LP}$ 进行处理,同时除以 $\alpha^H \alpha^L$,并用 $\prod_m$ 表示,可以得到 $\prod_m$ 和市场波动性 $\dfrac{\alpha^H}{\alpha^L}$ 之间的关系,如图 3-9 所示。图 3-9 中 $\prod_m^{F*}$、$\prod_m^{N*}$、$\prod_m^{P*}$ 分别表示完全信息、单渠道限价以及双渠道限价条件下制造商的利润情况,其中 $\prod_m^{P*}$ 分为 3 段,是命题 3-3 中 3 段不同的定价策略导致的收益不同。同理,对制造商支付的信息租金进行处理,同时除以 $\alpha^H \alpha^L$,得到市场波动性对信息租金的影响(见图 3-10)。由此可以得到结论 3-2:

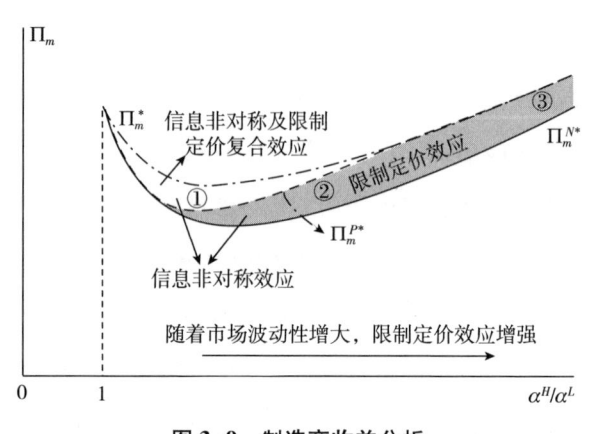

图 3-9 制造商收益分析

结论 3-2 制造商可以通过双渠道限价在一定程度上减少支付的信息租金,提高收益,缓解信息非对称导致的收益扭曲。

图 3-9 中的 $\prod_m^{F*}$ 与 $\prod_m^{N*}$ 之间的面积是信息非对称导致的制造商收益向下扭曲的部分,即负方向的信息非对称效应。阴影部分表示的是双渠道限价导致的制

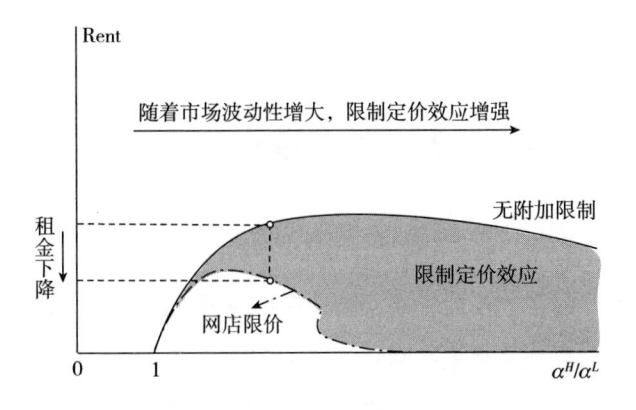

[图示:Rent 坐标系,横轴 α^H/α^L,标注"随着市场波动性增大,限制定价效应增强"、"租金下降"、"无附加限制"、"限制定价效应"、"网店限价"]

图 3-10 双渠道限价对信息租金的影响

造商收益增加的部分,即正方向的限制定价效应。且随着市场波动性的增大,双渠道限制定价的效应也逐渐增强。因此,正的限制定价效应抵消了一部分负的信息非对称效应,这两个效应的复合效应即为 $\prod_m^{F*}$ 和 $\prod_m^{P*}$ 之间的白色区域。可见,制造商可以通过双渠道限价提高收益,而收益的变化主要源于信息租金的减少。图 3-10 中单渠道限价和双渠道限价条件之间的阴影部分,表示双渠道限制定价导致的信息租金减少的程度,即限制定价在信息租金上的效应。可以发现,当 $\alpha^H/\alpha^L \to 1$ 时,即市场波动性很小时,限制定价效应很小,此时制造商支付的信息租金和得到的收益与单渠道限价时相近。而随着市场波动性的增大,这种效应逐渐增强。特别地,当市场波动性很大时,制造商可以选择完全信息条件下的定价策略,此时制造商需要支付的信息租金为 0,收益不发生扭曲,双渠道限制定价效应达到最大。因此,制造商可以在市场波动性较大时,采取双渠道限价的合约,以达到降低信息租金、提高收益的目的。所以选择双渠道限价合约对制造商来说是有利的。由命题 3-3 可知,双渠道限价合约下,网店和实体店的商品售价相同。而 Cavallo[87] 通过实证研究发现市场上 72% 的商品为网店、实体店统一定价。这在一定程度上也说明制造商采用双渠道限价合约是符合市场现实的。

因此,通过对制造商的收益分析可以发现,双渠道限价合约对于制造商来说是可行的,但是对于整个供应链来说双渠道限价并不合理,因为其导致了系统损失。

3.8　本章小结

随着电子商务的快速发展，网络渠道在供应链渠道构成中日益重要。供应链管理者以及学者们也越来越重视网络渠道和实体渠道的协调发展，特别是在信息非对称的环境下。因此，研究如何降低信息非对称在双渠道供应链中的负面影响以改善制造商和零售商的收益是非常有必要的。通过本章的研究，得到以下结论：①在单渠道限价合约下，当市场需求为高类型时，实体店、网店的定价都不会发生扭曲，但当市场需求为低类型时，两渠道定价都会向下扭曲，且实体渠道扭曲得更多；②在双渠道限价合约下，当两个渠道的市场份额相同时，制造商制定的两个渠道的定价也相同，否则，定价策略会受到多种因素影响；③当市场状态为低时，双渠道限价合约导致供应链和实体店收益进一步向下扭曲，而对网店收益的影响可能是正向的也可能是负向的；④制造商可以通过双渠道限价合约在一定程度上减少信息租金，特别地，当市场波动性足够高时，可以实现无信息租金。

因此，通过本章的研究可以发现，制造商可以通过制定双渠道限价合约减少信息非对称带来的收益扭曲，减少信息租金，实现完全信息的收益。但本章仍然存在可以进一步深入研究的空间，如本章只考虑了市场需求状态存在高、低两种状态，在未来可以研究连续需求下的信息甄别问题。

第4章 事前信息非对称动态博弈
——信息甄别

4.1 引言

正如前文所述,在供应链实践中,制造商和零售商所掌握的信息往往是不对称的。当制造商无法准确了解市场需求时,制造商会向零售商收取一次性转移支付,例如代理费等。在事前信息非对称条件下,零售商由于自利性,为了支付较低的转移支付而向制造商谎报市场需求信息,以从中谋求利益。但这种行为会在一定程度上损害制造商的利益。所以制造商有动机通过付出一定的努力(信息租金)激励零售商进行真实的信息披露,这种现象称为"信息甄别"[10,90]。制造商在供应链中距离终端消费者较远,特别是当制造商完全委托零售商进行产品销售时(即无直销渠道),其无法掌握市场需求的准确信息。而随着互联网、手机客户端等的快速升级和发展,为了更好地占领市场、服务消费者,许多零售商在原有传统渠道的基础上,开设网络渠道,采用实体、网络渠道结合的供应链运营模式进行销售。例如,苏宁在其实体门店的基础上,开设了网络购物平台——苏宁易购。类似地,沃尔玛、Tesco、Metro等,也都是传统零售商通过开设网店实现多渠道经营[14]。零售商同时经营实体店、网店可以更有效地接触到终端消费者，获得丰富的一手销售资料，掌握更为全面的市场需求信息[71]。因此，制造商在与具有更多信息的零售商合作时，特别是在渠道结构复杂的实体、网络渠道共存的双渠道供应链中，合理应对信息甄别问题是非常重要的。

第 3 章对于事前信息非对称静态博弈下双渠道供应链的激励机制——单周期内的信息甄别问题进行了分析和探讨。但在供应链实践中，制造商和零售商以及消费者之间的博弈往往不是一次性的而是多次或者长期的。在动态博弈中，制造商可以根据零售商往期披露的信息更新对零售商"诚实度"的判断，从而及时调整策略，减少信息非对称带来的损失。此时制造商可能不愿意按照完全承诺合约继续进行合作，而有动机进行重新谈判，修改合约。但为了节约谈判成本，防重新谈判合约就成为完全承诺合约外的一个重要的决策选项。所以，当博弈周期延长后，双渠道供应链中的制造商的信息甄别策略会有何不同？对于长期博弈，制造商应该制定完全承诺合约还是防重新谈判合约？这是本章希望通过研究回答的问题。

因此，本章通过构建一个零售商同时经营实体店、网店的双渠道供应链模型，考察市场需求信息为零售商的私有信息时，制造商的两阶段信息甄别策略。根据市场需求类型的不同，制造商向零售商提供一个限定转移支付——实体店定价的二级合约建立合作，零售商根据市场需求进行选择。

4.2 相关研究综述

本章研究主要与双渠道供应链协调以及信息甄别两方面的内容有关。目前关于双渠道供应链协调问题的研究主要集中在契约设计[20,28,52,91,92]、渠道结构协调[18,31,51,56,58,71,93]、定价协调[54,94-98]等方面。除本书第 2.2.3 节梳理的相关研究外，Xie 等[99]在一个双渠道闭环供应链框架下，将收益共享契约和成本共享契约结合，研究收益—成本共享契约下供应链的价格和服务协调策略。研究表明，收益—成本共享契约可以通过设定收益、成本分担比例实现供应链成员的收益提升。Lu 和 Liu[31] 考察了线上渠道入侵后，对比分析了单渠道供应链和双渠道供应链的分销系统。类似地，赵静和朱昆[96] 研究了制造商和零售商开辟在线渠道时，不同渠道权利结构下的定价问题。研究发现，零售商开辟在线渠道对制造商和零售商都是有利的。Zhou 等[98] 与本章的设定类似，同样考虑零售商可以在实体渠道提供一定的服务，制造商的线上渠道可以对服务"搭便车"时，服务成本共享契约下的定价策略问题。研究发现，在区别定价模式下，服务成本共享契约可以避免渠道间的价格竞争。

目前关于信息甄别的文献多集中在经济学领域以及单渠道供应链。除第 3 章涉及的文献外，还有一些学者对多周期信息甄别的动态博弈问题进行了研究。其中，最为经典的是 Laffont 和 Martimort[12] 的关于委托代理模型的激励理论研究。他们对不同合约形式、风险偏好、博弈周期等情况下委托人代理人之间的信息甄别问题进行了分析。Majumdar 和 Shaffer[10] 分析了非对称信息条件下，当零售商更了解市场需求且可以从一个外部性市场进货时，制造商如何通过提供转移支付—市场份额合约进行信息甄别。研究发现，在某些条件下，制造商可以在非对称信息条件下实现完全信息条件时的收益。在此基础上，Zhou 等[91] 在双渠道供应链框架下，对比分析了单渠道限价合约和双渠道限价合约在信息甄别方面的激励效果。研究发现，在一定条件下，制造商可以通过双渠道限价合约降低信息非对称的影响，减少信息租金。Wang 等[100] 研究了单渠道供应链中存在需求信息、信息预测的准确性两种非对称信息时，其相互影响下制造商的信息甄别问题，并给出了混同合约和分离合约下的信息甄别策略。Feng 等[68] 则研究了单渠道供应链中同时存在信息甄别和信号传递问题时供应链双方的博弈策略。研究发现，博弈双方的耐心度可以在一定程度上影响订货数量的扭曲程度和信息租金，一定条件下甚至可以避免订货数量的扭曲和信息租金的产生。Li 等[101] 研究了单渠道供应链中同时存在道德风险和逆向选择（信息甄别）问题时制造商的策略，并考虑了政府的干预作用。研究发现，政府向低消耗类型的制造商支付信息租金可以确保其不隐藏信息，并选择合适的合约参与到减排中。类似地，Nikoofal 和 Gümüş[102]、曹东等[103]、王新辉等[104] 以及程红等[105] 也研究了供应链中同时存在道德风险和逆向选择时的激励协调机制。以上学者都是对单周期博弈下的信息激励问题进行研究，另外一些学者对两周期博弈下的信息激励问题进行了研究[67,70,106]。例如，Deb 和 Said[67] 研究了一个卖方面临两种客户群体（不同博弈周期进入市场），且仅有有限承诺能力时卖方的两周期信息甄别和价格歧视策略。周建亨和徐琪[70] 对比分析了单渠道供应链中当博弈周期为单周期和两周期时供应商信息甄别的策略，研究发现供应链对零售商信息的更新会影响两阶段动态契约的设计。王志宏和温晓娟[106] 则从商业信用契约设计的角度研究了单渠道供应链中供应商的两阶段信息甄别问题，研究表明，供应商提供的两阶段商业信用激励效果要优于单阶段。

综上所述，目前学者关于双渠道供应链的研究多集中在收益、定价、渠道结构等方面，而针对供应链的信息甄别问题研究则主要在单渠道供应链模式下展开，对双渠道供应链的信息甄别问题研究较少，博弈周期也多以单周期博弈为主。但在供应链渠道模式日益复杂的环境下，特别是信息非对称、博弈双方合作周期为长期时，设计适合双渠道供应链的合理有效的长期激励机制是非常必要的。Majumdar 和 Shaffer[10] 研究的单渠道供应链的信息甄别模型中，虽然含有一个外部性市场，但其与双渠道供应链还是有区别的，且该模型仅为单周期博弈。Zhou 等[91] 虽然在双渠道结构下对供应链的信息甄别策略进行研究，但博弈周期仍局限于单周期内，无法满足供应链多周期博弈的发展需要。周建亨和徐琪[70] 等其他学者的研究虽然涉及了多于单周期的动态博弈，但其多为在单渠道供应链模式下展开的。因此，本章在现有文献的基础上，通过构建一个含有线上线下渠道的双渠道供应链框架，考虑零售商可以提供体验性服务且网店可以"搭便车"时，双渠道供应链的两阶段信息甄别策略。与已有文献相比（见表4-1），本章的主要创新点为：①研究的是两周期下双渠道供应链的信息甄别策略；②对比分析了完全承诺和防重新谈判两种合约类型；③将线上线下渠道间提供体验性服务能力的差异以及"搭便车"的影响考虑在内。

表 4-1　信息甄别主要文献综述总结

文献	渠道类型	博弈周期	合约类型	信息决策
Feng 等[68]	单渠道	单周期	转移支付合约	信号传递 信息甄别
Majumdar 和 Shaffer[10]	单渠道	单周期	转移支付—市场份额合约	信息甄别
Zhou 等[91]	双渠道	单周期	单渠道限价合约 双渠道限价合约	信息甄别
Li 等[101]	单渠道	单周期	收益合约	道德风险 逆向选择 （信息甄别）
Nikoofal 和 Gümüş[102]	单渠道	单周期	努力诱导合约 (induced-effort contract) 努力审计合约 (audited-effort contract)	道德风险 逆向选择 （信息甄别）
Wang 等[100]	单渠道	单周期	数量合约	信息甄别
Wang 等[107]	单渠道	单周期	订货量—转移支付合约	信息甄别
Deb 和 Said[67]	终端	两周期	完全承诺合约 有限承诺合约	信息甄别
周建亨和徐琪[70]	单渠道	单周期 & 两周期	完全承诺（佣金合约）	信息甄别
王志宏和温晓娟[106]	单渠道	单周期 & 两周期	商业信用契约（完全承诺）	信息甄别

4.3　模型构建

本章考虑一个产品制造商（M）和一个零售商（R）组成的二级供应链模型中，制造商委托零售商进行产品销售，并收取转移支付 $t^S(S \in \{H, L\})$。产品销售期 T 为两期，$T=1, 2$，贴现因子为 δ。每期制造商向零售商收取转移支付 t_T。除此之外，零售商还通过一条网络渠道将产品销售给消费者，如图 4-1 所示。零售商可以通过投入成本为 s 的附加值服务（如体验性服务）推动实体店产品销售。网店可以对零售商的增值服务进行"搭便车"，即实体店提供的增值服务在一定程度上也可以促进网店的销量[4]。用 p_{Tr}、p_{Te} 分别表示第 T 期实体店和网店的产品价格。参考 Desai[7] 的设定，实体店网店的需求分别为 $q_{Tr}=\alpha-p_{Tr}+\gamma p_{Te}+\phi\sqrt{s_T}+\varepsilon$，$q_{Te}=\alpha-p_{Te}+\gamma p_{Tr}+\lambda\phi\sqrt{s_T}+\varepsilon$。其中，$\phi\sqrt{s_T}$ 是第 T 期零售商通过提供的体验服务为实体渠道增加的附加需求，ε 是外生随机变量，本章假设 $E(\varepsilon)=0$。γ 表示两个渠道竞争的强度，且 γ 越大竞争越激烈。λ 代表"搭便车"的强度，λ 越大，"搭便车"的程度越高。由于网店对实体店的服务"搭便车"[4]，因此由体验服务带来的网店销量要小于实体店，即 $\lambda<1$。α_i 为市场容量，且只反映当期的市场情况。本书假设市场容量 α_i 有两种类型：高容量 α_H 和低容量 α_L，即 $i\in\{H,L\}$，且假设 $\alpha_H>\alpha_L$，$\alpha_L>\rho\alpha_H$。由于零售商更靠近终端市场，因此假设零售商可以掌握市场的真实容量 α_i。而制造商对 α_i 的具体值并不了解，只能了解 α_i 的先验概率为 $\Pr(\alpha_H)=v$，$\Pr(\alpha_L)=1-v$，且 $0<v<1$。市场容量随着时间的推移可以随机变化，本书假设市场容量延续同一状态的概率为 $\Pr(\alpha_i\mid\alpha_i)=\rho$，且两期的市场容量正相关的，即 $\frac{1}{2}\leq\rho\leq1$[108]。因此市场容量是零售商的私有信息。由此可得，第 T 期，零售商利润为 $\prod_{TR}=p_{Tr}q_{Tr}+p_{Te}q_{Te}-s_T-t_T=G_T-t_T$，其中，$G_T$ 是第 T 期整个供应链的收益。制造商收益为 $\prod_{TM}=t_T$。博弈双方皆为风险中性，根据期望利润最大化做出相关决策。完全信息条件下零售商的保留效用为 0。

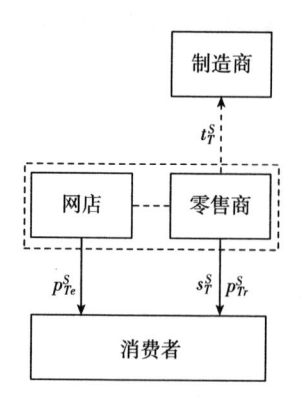

图 4-1 模型示意图

为了向制造商支付更低的转移支付，在市场需求类型为高时，零售商有动机谎报市场需求为低，并提供一个低水平的增值服务，以降低网店"搭便车"对实体渠道的侵害。因此，本章研究制造商如何制定合约$\{t_T, p_{Tr}\}$甄别市场容量α_i的信号，从而实现分离均衡。结合供应链管理实际，本章只集中讨论分离均衡的情况。

模型涉及的制造商、零售商的博弈时序为（见图4-2）：①第一期初期，零售商获得市场容量类型为α_H或α_L，制造商对市场容量的信念初始分布为v和$1-v$；②制造商向零售商提供一个两期合约$\{(t_1, p_{1r}), (t_2, p_{2r})\}$；③根据制造商提供的合约，零售商决定是否接受合约；④零售商决定第一期投入的附加值服务s_1和网店的售价p_{1e}；⑤第一期需求实现，各方完成销售和收益；⑥第二期初期，制造商根据第一期零售商的选择更新对市场容量的信念；⑦零售商决定第二期投入的附加值服务s_2和网店的售价p_{2e}；⑧第二期需求实现，各方完成销售和收益。

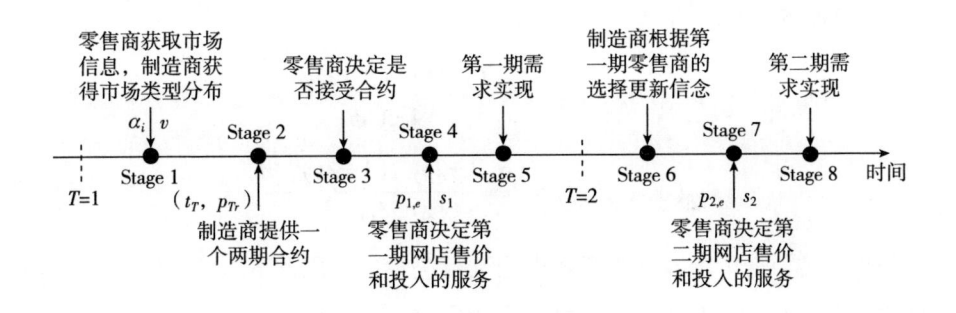

图4-2 博弈时序

4.4 完全信息合约

完全信息条件下，市场容量α的类型是制造商和零售商的共同信息。制造商在第一期初向零售商提供一个两阶段合约 $\{(t_{1,i}^F, p_{1r,i}^F), (t_{2,ij}^F, p_{2r,ij}^F)\}$，其中，上标"$F$"代表完全信息状态，下标 $i, j=H, L$。为了方便后文简洁表达，本书将用下标 h 统一表示第一期和第二期市场容量的信号，即当 $T=1$ 时，$h=i=H, L$；当 $T=2$ 时，$h=ij=HH, HL, LH, LL$。因此，完全信息条件下的合约又可以表示为 $(t_{T,h}^F, p_{Tr,h}^F)$。

根据博弈时序，由逆向归纳法，零售商根据制造商提供的合约 $(t_{T,h}^F, p_{Tr,h}^F)$ 以及市场容量的实际情况 α_h①，通过第二期利润最大化先决定第二期的网店定价 p_{2e} 和服务 s_2，再决定第一期的网店定价 p_{1e} 和服务 s_1。

$$\begin{cases} \dfrac{\partial \Pi_{TR}}{\partial p_{Te}}=0 \\ \dfrac{\partial \Pi_{TR}}{\partial s_T}=0 \end{cases} \tag{4-1}$$

由式（4-1）可得零售商在第 T 期制定的网店定价和服务关于第 T 期实体店定价 p_{Tr} 的表达式为：

$$p_{Te,h}(\alpha_{h'}, p_{Tr,h}) = \frac{2\alpha_{h'}+4p_{Tr,h}\gamma+p_{Tr,h}\lambda\phi^2}{4-\lambda^2\phi^2} \tag{4-2}$$

$$s_{T,h}(\alpha_{h'}, p_{Tr,h}) = \frac{(\alpha_{h'}\lambda+2p_{Tr,h}(1+\gamma\lambda))^2\phi^2}{(4-\lambda^2\phi^2)^2} \tag{4-3}$$

零售商是根据市场容量的实际类型进行决策的，因此 α_h 是第 T 期市场容量的真实情况，而 $p_{Tr,h}$ 与零售商选择的合约有关。完全信息条件下，零售商无法谎报市场类型，即 $h'=h$，此时零售商的利润为：$\Pi_{TR}(\alpha_h, t_{Th}) = p_{Tr,h}q_{Tr}+p_{Te,h}q_{Te}-s_{T,h}-t_{T,h}=G(\alpha_h, p_{Tr,h})-t_{T,h}$。

在第一期制造商制定合约和零售商选择接受合约时，第二期的市场容量对双方都是未知的，所以在完全信息条件下制造商通过制定合约实现利润最大化的问题 (P_1) 为：

$$(P_1) \max_{\{t_{T,h}, p_{Tr,h}\}} t_{1,i} + \delta \sum_{j=H, L} \Pr(\alpha_j \mid \alpha_i) t_{2,ij}$$

---

① 由于市场容量 α 只反映当期市场情况，当 $T=1$ 时，$\alpha_{h'}(\alpha_h)=\alpha_i$；当 $T=2$ 时，$\alpha_{h'}(\alpha_h)=\alpha_{ij}=\alpha_j$。

s.t. $\prod_{1R}(\alpha_i, t_{1,i}) + \delta \sum_{j=H,L} \Pr(\alpha_j | \alpha_i) \prod_{2R}(\alpha_j, t_{2,ij}) \geq 0$

$\prod_{2R}(\alpha_j, t_{2,ij}) \geq 0$ \hfill (4-4)

式(4-4)为零售商的事前约束[12]。由零售商第二期的参与约束为紧 $\prod_{2R}(\alpha_j, t_{2,ij}) = 0$ 可得式(4-4)为 $\prod_{1R}(\alpha_i, t_{1,i}) = 0$，可得 $t_{T,h} = p_{Tr,h} q_{Tr,h} + p_{Te,h} q_{Te,h} - s_{T,h} = G(\alpha_h, p_{Tr,h})$。通过求解(P)可得完全信息条件下制造商制定的最优合约，见定理 4-1。

定理 4-1 完全信息条件下，制造商提供的最优合约为 $(t_{T,h}^{F*}, p_{Tr,h}^{F*})$，其中，

$$p_{Tr,h}^{F*} = \begin{cases} \dfrac{\alpha_H \eta}{2\sigma} & h=H, HH, LH \\ \dfrac{\alpha_L \eta}{2\sigma} & h=L, HL, LL \end{cases}$$

$$t_{T,h}^{F*} = \begin{cases} \dfrac{\alpha_H^2(8(1+\gamma)-(1-\lambda)^2\phi^2)}{4\sigma} & h=H, HH, LH \\ \dfrac{\alpha_L^2(8(1+\gamma)-(1-\lambda)^2\phi^2)}{4\sigma} & h=L, HL, LL \end{cases}$$

其中，$\eta = 4(1+\gamma) + \lambda\phi^2(1-\lambda)$，$\sigma = 4(1-\gamma^2) - (1+\lambda^2+2\gamma\lambda)\phi^2$①，$\phi < 2\sqrt{1-r^2}/(1+\lambda)$。

完全信息条件下，零售商只能获得保留效用 0，制造商可以获得供应链的整体收益，所以制造商在第 T 期的利润为 $\prod_{TM,h}^{F*} = t_{T,h}^{F*}$，其在第一期制定合约时的期望收益 $E(\prod_M^{F*}) = t_{1,i}^{F*} + \delta \sum_{j=H,L} \Pr(\alpha_j | \alpha_i) t_{2,ij}^{F*}$。通过对比两期内高类型市场容量和低类型市场容量下的零售定价 p_{Tr} 和转移支付 t_T，可以得到推论 4-1。

推论 4-1 完全信息条件下：

(1) 制造商提供的合约只与当期市场类型相关，与前期市场类型（历史信息）无关；

(2) 高市场类型下，制造商要向零售商收取更高的转移支付($t_{1,H}^{F*} > t_{1,L}^{F*}$, $t_{2,iH}^{F*} >$

---

① 易证 $\sigma > 0$。

$t_{2,iL}^{F*}$),且制定更高的零售价格($p_{1r,H}^{F*}>p_{1r,L}^{F*}$, $p_{2r,iH}^{F*}>p_{2r,iL}^{F*}$)。

完全信息条件下,在制造商制定合约以及零售商选择合约时,第一期的市场容量是双方的共有信息,虽然第二期的市场容量对双方都是未知的,但制造商和零售商之间的信息是对称的。此时,制造商制定的合约都只与当期市场类型有关。特别地,当市场容量为高类型时,制造商会获得较高的市场需求,并可以制定高于低类型市场的零售价。由式(4-2)和式(4-3)对零售定价求导可得 $\partial p_{Te,h}/\partial p_{Tr,h}>0$,$\partial \kappa_{T,h}/\partial p_{Tr,h}>0$,所以高类型市场下零售商同样会选择制定比低类型更高的网店定价,并提供更多的附加值服务。由于高低市场容量下的网店定价 p_{Te} 和附加值服务 s_T 的变化趋势与零售定价 p_{Tr} 相同,后文将只对零售定价的变化趋势进行分析。

将 $p_{Tr,h}^{F*}$ 代入式(4-2)、式(4-3),可以得到完全信息条件下零售商制定的第 T 期最优网店定价 $p_{Te,h}^{F*}$ 和附加值服务 $s_{T,h}^{F*}$:

$$p_{Te,h}^{F*}=\frac{2\alpha_h+(4\gamma+\lambda\phi^2)p_{Tr,h}^{F*}}{4-\lambda^2\phi^2}=\begin{cases}\frac{4(1+\gamma)-(1-\lambda)\phi^2}{2\sigma}\alpha_H & h=H,HH,LH \\ \frac{4(1+\gamma)-(1-\lambda)\phi^2}{2\sigma}\alpha_L & h=L,HL,LL\end{cases}$$

$$s_{T,h}^{F*}=\frac{(\alpha_h\lambda+2p_{r,h}^{F*}(1+\gamma\lambda))^2\phi^2}{(-4+\lambda^2\phi^2)^2}=\begin{cases}\frac{(1+\gamma)^2(1+\lambda)^2\phi^2}{\sigma^2}\alpha_H^2 & h=H,HH,LH \\ \frac{(1+\gamma)^2(1+\lambda)^2\phi^2}{\sigma^2}\alpha_L^2 & h=L,HL,LL\end{cases}$$

通过对比两个渠道的零售价格,可以得到推论4-2。

推论4-2 完全信息条件下,实体店定价总高于网店,即 $p_{Tr,h}^{F*}>p_{Te,h}^{F*}$,且实体店定价对市场类型更加敏感。

制造商通过限价合约,对零售商在实体店销售的产品进行限制定价,零售商再根据合约以及市场情况对网店进行定价,且制定低于实体店的定价。由于零售商不需要通过投入额外的服务成本为网店提供附加值服务(体验服务)就可以实现一部分的销量增长($\lambda\phi\sqrt{s_T}$),即网店的运营成本要低于实体店,所以网店可以制定一个低于实体店的售价。虽然网店和实体店同属于一个零售商,但零售商仍然可以通过"满减""积分抵现""优惠券"等方式实现网店和实体店的差别定价。例如，零售商苏宁在实体店销售的电器等都有厂家规定的售价，而苏宁在"818"活动时在其线上网店苏宁易购推出了"购物补贴""秒杀"等活动，从而实现网店售价低于实体店。另外，通过对比 $p_{Tr,h}^{F*} = \dfrac{\alpha_h \eta}{(2\sigma)}$ 及 $p_{Te,h}^{F*} = \alpha_h(4(1+\gamma)-(1-\lambda)\phi^2)/(2\sigma)$ 中 α_h 的系数可知，实体店定价 $p_{Tr,h}^{F*}$ 对市场容量的类型 α_h 更敏感。

4.5 完全承诺合约

信息非对称条件下，制造商在制定合约时只知道市场容量类型的分布，而不知道市场的具体类型，但市场容量 α_i 的类型是零售商的私有信息。为了向制造商支付较低的转移支付 t，零售商有动机在高类型市场时谎称市场为低类型，但这样将损害制造商的利益。为了避免零售商谎报行为，制造商在第一期初向零售商提供一个两阶段合约以进行信息甄别。此时制造商可以选择提供完全承诺合约或防重新谈判合约，本章第4.5节和第4.6节将主要对比这两种合约的激励效果。

完全承诺合约指的是"委托人有完全的能力承诺兑现其与代理人签订的契约"[12]，即制造商与零售商在博弈初期签订合约后，将合约执行到合作结束。制造商在第一期初向零售商提供一个两阶段完全承诺合约 $(t_{T,h}^C, p_{Tr,h}^C)$ 以进行信息甄别，其中上标"C"代表完全承诺合约。

与完全信息模式类似，零售商首先对第二期的网店定价及附加值服务进行决策。由前文可知，网店定价 p_{Te}、附加值服务 s_T 满足式(4-2)、式(4-3)。当零售商不谎报市场类型时，零售商的利润为 $\prod_{TR}(\alpha_h, t_{T,h})$。但当真实的市场容量类型为 h'，零售商谎报市场类型时(即选择与实际市场容量类型不符的合约 $(t_{T,h}, p_{Tr,h})$)，式(4-2)、式(4-3)中的 $h' \neq h$。此时实现的实际需求为：

$$q_{Tr}(\alpha_{h'},\ p_{Tr,h}) = \alpha_{h'} - p_{Tr,h} + \gamma p_{Te}(\alpha_{h'},\ p_{Tr,h}) + \phi\sqrt{s_T(\alpha_{h'},\ p_{Tr,h})}$$

$$q_{Te}(\alpha_{h'},\ p_{Tr,h}) = \alpha_{h'} - p_{Te}(\alpha_{h'},\ p_{Tr,h}) + \gamma p_{Tr,h} + \lambda\phi\sqrt{s_T(\alpha_{h'},\ p_{Tr,h})}$$

此时零售商的利润发生变化，后文用 $V_{TR}(\alpha_{h'},\ p_{Tr,h})$ 表示第 T 期市场真实类型为 h' 时，零售商选择合约 $(t_{T,h},\ p_{Tr,h})$ 时获得的利润为：

$$\begin{aligned}V_{TR}(\alpha_{h'},\ p_{Tr,h}) &= p_{Tr,h}q_{Tr}(\alpha_{h'},\ p_{Tr,h}) + p_{Te}(\alpha_{h'},\ p_{Tr,h})q_{Te}(\alpha_{h'},\ p_{Tr,h}) - \\ &\quad s_T(\alpha_{h'},\ p_{Tr,h}) - t_{T,h} \\ &= G'(\alpha_{h'},\ p_{Tr,h}) - t_{T,h}\end{aligned}$$

根据 Laffont 等[12] 的激励理论，信息非对称条件下，制造商为了实现信息甄别的利润最大化问题为 (P_2)：

$$(P_2)\max_{\{t_{T,h},p_{Tr,h}\}} \sum_{i=H,\ L} \Pr(\alpha_i)\left[t_{1,i} + \delta \sum_{j=H,\ L} \Pr(\alpha_j \mid \alpha_i) t_{2,ij}\right]$$

s.t. $\prod_{1R}(\alpha_H,\ t_{1,H}) + \delta[\rho\prod_{2R}(\alpha_H,\ t_{2,HH}) + (1-\rho)\prod_{2R}(\alpha_L,\ t_{2,HL})] \geq$
$\quad V_{1R}(\alpha_H,\ t_{1,L}) + \delta[\rho\prod_{2R}(\alpha_H,\ t_{2,LH}) + (1-\rho)\prod_{2R}(\alpha_L,\ t_{2,LL})]$ $\quad(IC_H)$

$\prod_{1R}(\alpha_L,\ t_{1,L}) + \delta[\rho\prod_{2R}(\alpha_L,\ t_{2,LL}) + (1-\rho)\prod_{2R}(\alpha_H,\ t_{2,LH})] \geq$
$\quad V_{1R}(\alpha_L,\ t_{1,H}) + \delta[\rho\prod_{2R}(\alpha_L,\ t_{2,HL}) + (1-\rho)\prod_{2R}(\alpha_H,\ t_{2,HH})]$ $\quad(IC_L)$

$\prod_{2R}(\alpha_H,\ t_{2,iH}) \geq V_{2R}(\alpha_H,\ t_{2,iL})$ $\quad(IC_{iH})$

$\prod_{2R}(\alpha_L,\ t_{2,iL}) \geq V_{2R}(\alpha_L,\ t_{2,iH})$ $\quad(IC_{iL})$

$\prod_{1R}(\alpha_H,\ t_{1,H}) + \delta[\rho\prod_{2R}(\alpha_H,\ t_{2,HH}) + (1-\rho)\prod_{2R}(\alpha_L,\ t_{2,HL})] \geq 0$ (IR_H)

$\prod_{1R}(\alpha_L,\ t_{1,L}) + \delta[\rho\prod_{2R}(\alpha_L,\ t_{2,LL}) + (1-\rho)\prod_{2R}(\alpha_H,\ t_{2,LH})] \geq 0$ (IR_L)

$\prod_{2R}(\alpha_H,\ t_{2,iH}) \geq 0$ $\quad(IR_{iH})$

$\prod_{2R}(\alpha_L,\ t_{2,iL}) \geq 0$ $\quad(IR_{iL})$

其中，(IC_h) 为市场类型为 α_h 时，零售商的激励约束，(IR_h) 为零售商的参与约束，且 (IC_H)、(IC_{iH})、(IR_L)、(IR_{iL}) 为紧。通过对问题 (P_2) 求解，可以得到信息非对称条件下，制造商制定的最优完全承诺合约 $(t_{Th}^{C*},\ p_{Tr,h}^{C*})$，见定理 4-2。

定理 4-2 完全承诺条件下，制造商提供的最优合约为 $(t_{T,h}^{C*},\ p_{Tr,h}^{C*})$[①]，其中，

---

① 由于 $t_{T,h}^{C*}$ 表达式复杂，正文中不列出，详细见附录。

$$p_{Tr,h}^{C*} = \begin{cases} p_{Tr,h}^{F*} & h = H, HH, LH, HL \\ \dfrac{(\alpha_L - \alpha_H v)\eta}{2(1-v)\sigma} & h = L \\ \dfrac{(\alpha_L(\rho - v(1-\rho)) + \alpha_H v(1-2\rho))\eta}{2(1-v)\sigma\rho} & h = LL \end{cases}$$

由定理 4-2 易知，完全承诺合约中，当 $h = H, HH, LH, HL$ 时，制造商仍然可以采取完全信息条件下的零售定价，完全承诺合约可以实现完全信息条件下的效率均衡。但第一期的低类型市场下的实体店定价 $p_{1r,L}^{C*}$，以及前期信号为低且第二期市场类型仍为低的实体店定价 $p_{2r,LL}^{C*}$ 与完全信息合约不同。

推论 4-3 与完全信息条件下的定价相比，完全承诺条件下：

（1）只要零售商有一次披露市场类型为高，完全信息条件下的定价就可以实现分离；

（2）低类型市场状态下，制造商需要向下扭曲实体店定价以实现信息甄别，即 $p_{1r,L}^{F*} > p_{1r,L}^{C*}$，$p_{2r,LL}^{F*} \geq p_{2r,LL}^{C*}$。

当 $h = H, HH, LH, HL$ 时，$p_{Tr,h}^{C*} = p_{Tr,h}^{F*}$。因此，零售商有一次披露市场类型为高，制造商就认为零售商是诚实的，并愿意提供与其披露市场类型相符的效率合约。但当市场类型为 H 时，零售商有动机选择低类型合约进行伪装，为了防止零售商的伪装行为，制造商只能将低类型市场下的定价向下扭曲。当 $h = L$ 时，完全承诺条件下的最优定价由完全信息条件下的 $p_{1r,L}^{F*}$ 向下扭曲为 $p_{1r,L}^{C*}$，即 $p_{1r,L}^{F*} > p_{1r,L}^{C*}$；当 $h = LL$ 时，定价由 $p_{2r,LL}^{F*}$ 向下扭曲为 $p_{2r,LL}^{C*}$，即 $p_{2r,LL}^{F*} \geq p_{2r,LL}^{C*}$。因此，信息非对称时，制造商为了不让高类型市场下零售商谎报为低类型市场，其会选择向下扭曲零售定价以实现信息甄别。

信息非对称条件下，低类型市场下的零售商（以下简称低类型零售商）只能获得保留效用 0，制造商需要支付给高类型市场下的零售商（以下简称高类型零售商）信息租金。因此高类型零售商获得的信息租金为高于保留效用的利润。由于本章假设高低两种市场类型下，零售商的保留效用都为 0，因此，高类型零售商的利润即为制造商需要支付的信息租金。高类型零售商在第一期和第二期可以获得的信息租金分别为：

$$\Pi_{1R}^{C*}(\alpha_H, t_{1,H}) = \frac{\Delta\alpha[(\alpha_H+\alpha_L)(1-\delta(1-\rho))+(p_{1r,L}^{C*}-\delta(p_{2r,LL}^{C*}(1-2\rho)+p_{2r,HL}^{C*}\rho))\eta]}{4-\lambda^2\phi^2}$$

$$\Pi_{2R}^{C*}(\alpha_H, t_{2,iH}) = \frac{\Delta\alpha(\alpha_H+\alpha_L+\eta p_{2r,iL}^{C*})}{4-\lambda^2\phi^2}$$

通过对比完全承诺条件下第一期和第二期的实体店定价和信息租金，可以得到推论4-4。

推论4-4 完全承诺条件下：

（1）当零售商连续两期披露市场类型为L时，制造商会提供给零售商一个比第一期更高的定价，即$p_{1r,L}^{C*} \leqslant p_{2r,LL}^{C*}$；

（2）当第二期市场类型为$L(H)$时，披露过高类型市场信号的零售商可以获得比披露过低类型市场信号的零售商更高的限价（信息租金/利润），即$p_{2r,HL}^{C*} \geqslant p_{2r,LL}^{C*}$（$\Pi_{2R}^{C*}(\alpha_H, t_{2,HH}) \geqslant \Pi_{2R}^{C*}(\alpha_H, t_{2,LH})$）。

当第一期零售商选择L后，如果零售商在第二期选择披露为高类型市场，制造商仍然会提供完全信息下的实体店限价给零售商。但如果零售商第二期仍披露为市场为低类型，制造商会认为零售商真实披露的可能性提高，市场可能确实为低类型。此时制造商会选择提供一个比第一期零售定价较高，但低于完全信息合约的定价，即$p_{2r,LL}^{F*} \geqslant p_{2r,LL}^{C*} \geqslant p_{1r,L}^{C*}$。前期市场信号也会对制造商第二期的限价决策造成影响。如果零售商在前期披露过H信号，制造商可以甄别零售商为诚实的零售商，并根据第二期零售商的选择提供与完全信息条件下相同的限价。但如果零售商在前期披露为L信号，"诚实"的零售商仍然无法与"伪装"的零售商分离，制造商只能提供一个扭曲的限价进行甄别。所以当第二期市场类型为低时，一个带有前期信号为高的零售商可以获得比前期信号为低的零售商更高的限价，即$p_{2r,HL}^{C*} \geqslant p_{2r,LL}^{C*}$。类似地，当第二期市场类型为高时，一个前期披露过高类型信号的零售商可以获得比一个前期披露过低类型信号的零售商更高的信息租金（利润），即$\Pi_{2R}^{C*}(\alpha_H, t_{2,HH}) \geqslant \Pi_{2R}^{C*}(\alpha_H, t_{2,LH})$。

特别地，当市场类型跨期不会发生改变时，即$\rho\to 1$，此时的完全承诺合约变为：

$$p_{Tr,h}^{C*} = \begin{cases} p_{Tr,h}^{F*} & h=H,\ HH,\ LH,\ HL \\ \dfrac{(\alpha_L - \alpha_H v)\eta}{2(1-v)\sigma} & h=L,\ LL \end{cases}$$

所以当市场类型跨期不能改变时，最优合约就是静态合约的简单重复，制造商在第一期就可以实现完全分离。

4.6 防重新谈判合约

如果制造商和零售商可以在博弈中进行重新谈判，完全承诺合约就有可能无法实现在第一阶段完全分离。但进行重新谈判会花费更多的谈判成本，为了避免重新谈判，制造商可以在博弈初期提供一个防重新谈判合约$(t_{T_r,h}^R, p_{T_r,h}^R)$，其中上标"$R$"代表防重新谈判合约。对于任意给定的前期信号$i$，只有第二期该合约还能够提供给零售商在第一期承诺获得的收益，该合约才能够保持条件最优。所以该合约还应该满足防重新谈判约束(R)：

$$(R)\max \sum_{j=H,L} \Pr(\alpha_j \mid i) t_{2,ij}$$

$$\text{s.t.} \quad \prod_{2R}(\alpha_H, t_{2,iH}) \geq V_{2R}(\alpha_H, t_{2,iL}) \quad IC_i(H)$$

$$\prod_{2R}(\alpha_H, t_{2,iH}) \geq \prod_{2R}^{*}(\alpha_H, t_{2,iH})$$

其中，$\Pr(\alpha_j \mid i) = u(i)$为第二期期初时，当前期信号为$i$市场类型为$\alpha_j$的后验概率。

由于低类型市场下零售商只能获得保留效用0而无法获得信息租金，所以即便重新谈判，低类型零售商仍然只能获得保留效用0。对于高类型零售商，防重新谈判合约仍然要首先保证其在第二期真实披露，即高类型零售商的激励约束$IC_i(H)$为紧。其次，防重新谈判合约要给予高类型零售商至少与原始合约等同的信息租金（利润），即$\prod_{2R}^{*}(\alpha_H, t_{2,iH})$。所以，此时高类型零售商第二期的保留效用变为制造商在第一期承诺给零售商的效用。由此，可以得到防重新谈判条件，见引理4-1。

引理4-1 当且仅当 $p_{2r,iL}(u(i)) \leq p_{2r,iL} \leq p_{2r,iL}^{F*}$ 时，防重新谈判的约束(R)在历史信号为 i 时可以被满足，其中：

$$p_{2r,iL}(\mu(i)) = \frac{(\alpha_L - \alpha_H u(i))\eta}{2(1-u)\sigma}$$

当前期信号为 i 时，只有合约中实体店第二期的定价 $p_{2r,iL}$ 满足 $p_{2r,iL}(u(i)) \leq p_{2r,iL} \leq p_{2r,iL}^{F*}$ 时，该合约才是防重新谈判的。只有高类型市场容量下的零售商可能谎报市场容量为低类型。假设零售商有概率 x 的可能谎报，$x \in [0,1]$。由于 $\prod_R(\alpha_h, p_{Tr,h}) = G(\alpha_h, p_{Tr,h}) - t_{T,h}$，所以转移支付 $t_{T,h}$ 可以写为关于市场类型 α_h 和实体店定价 $p_{Tr,h}$ 的函数：$t(\alpha_h, p_{Tr,h}) = G(\alpha_h, p_{Tr,h}) - \prod_R(\alpha_h, p_{Tr,h})$。由此，最优防重新谈判的合约问题($P_3$)为：

$$(P_3) \max_{\{p_r\}} \left\{ \begin{array}{l} v(1-x)t(\alpha_H, p_{1r,H}) + vxt(\alpha_H, p_{1r,L}) + (1-v)t(\alpha_L, p_{1r,L}) \\ + \delta \left[\sum_{j=H,L} \Pr(\alpha_j | \alpha_H)[v(1-x)t(\alpha_j, p_{2r,Hj}) + vxt(\alpha_j, p_{2r,Lj})] \right. \\ \left. + (1-v) \sum_{j=H,L} \Pr(\alpha_j | \alpha_L) t(\alpha_j, p_{2r,Lj}) \right] \end{array} \right\}$$

s.t. $\prod_{1R}(\alpha_H, p_{1r,H}) + \delta[\rho \prod_{2R}(\alpha_H, p_{2r,HH}) + (1-\rho) \prod_{2R}(\alpha_L, p_{2r,HL})] \geq$

$\prod_{1R}(\alpha_H, p_{1r,L}) + \delta[\rho \prod_{2R}(\alpha_H, p_{2r,LH}) + (1-\rho) \prod_{2R}(\alpha_L, p_{2r,LL})]$ (IC_H)

$\prod_{1R}(\alpha_L, p_{1r,L}) + \delta[\rho \prod_{2R}(\alpha_L, p_{2r,LL}) + (1-\rho) \prod_{2R}(\alpha_H, p_{2r,LH})] \geq$

$\prod_{1R}(\alpha_L, p_{1r,H}) + \delta[\rho \prod_{2R}(\alpha_L, p_{2r,HL}) + (1-\rho) \prod_{2R}(\alpha_H, p_{2r,HH})]$ (IC_L)

$\prod_{2R}(\alpha_H, p_{2r,iH}) \geq \prod_{2R}(\alpha_H, p_{2r,iL})$ (IC_{iH})

$\prod_{2R}(\alpha_L, p_{2r,iL}) \geq \prod_{2R}(\alpha_L, p_{2r,iH})$ (IC_{iL})

$\prod_{1R}(\alpha_H, p_{1r,H}) + \delta[\rho \prod_{2R}(\alpha_H, p_{2r,HH}) + (1-\rho) \prod_{2R}(\alpha_L, p_{2r,HL})] \geq 0$ (IR_H)

$\prod_{1R}(\alpha_L, p_{1r,L}) + \delta[\rho \prod_{2R}(\alpha_L, p_{2r,LL}) + (1-\rho) \prod_{2R}(\alpha_H, p_{2r,LH})] \geq 0$ (IR_L)

$\prod_{2R}(\alpha_H, p_{2r,iH}) \geq 0$ (IR_{iH})

$\prod_{2R}(\alpha_L, p_{2r,iL}) \geq 0$ (IR_{iL})

$p_{2r,iL}(u(i)) \leq p_{2r,iL} \leq p_{2r,iL}^{F*}$ (R)

当IC_H被严格满足(取大于号)时,即高类型零售商不谎报市场类型,此时$x=0$;当IC_H为紧(取等号)时,高类型零售商可能谎报也可能不谎报,即谎报与否无差异,此时$x\in[0,1]$。图4-3描述了最优合约中第二期零售商披露市场容量类型的事后分布。只有高类型市场下零售商有机会谎报市场类型,而信号H只能被高类型零售商披露,而无法被低类型零售商披露。设$\mu(\rho,x)$为历史信号为L时市场类型为H的后验概率,由图4-3可知:

$$\mu(\rho,x)=\frac{\rho vx+(1-\rho)(1-v)}{vx+(1-v)}$$

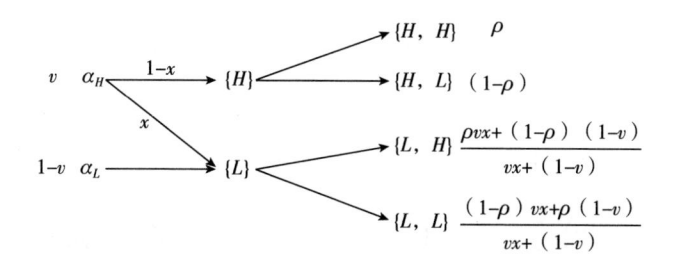

图4-3 第二期市场容量类型均衡分布

通过对问题(P_3)求解,可知当$h=H,HH,LH,HL$时,实体店的定价策略与完全信息模式下相同,因此制造商的目标函数(P_3)可以改写为(P'_3):

$$(P'_3)\max_{\{p_{1r,L},p_{2r,LL},x\}} A(x,p_{1r,L})+\delta B(x,p_{2r,LL})$$

$$\text{s.t.} \quad p_{2r,LL}(u(\rho,x))\leq p_{2r,LL}\leq p_{2r,LL}^{F*}$$

其中,$A(x,p_{1r,L})=v(1-x)t(\alpha_H,p_{1r,H})+vxt(\alpha_H,p_{1r,L})+(1-v)t(\alpha_L,p_{1r,L})$,

$$B(x,p_{2r,LL})=\sum_{j=H,L}\Pr(\alpha_j|\alpha_H)[v(1-x)t(\alpha_j,p_{2r,Hj})+vxt(\alpha_j,p_{2r,Lj})]+$$

$$(1-v)\sum_{j=H,L}\Pr(\alpha_j|\alpha_L)t(\alpha_j,p_{2r,Lj})\text{。}$$

将该最优化问题写成拉格朗日函数的形式为:

$$L=A(x,p_{1r,L})+\delta B(x,p_{2r,LL})-\tau_1(p_{2r,LL}^{F*}-p_{2r,LL})-\tau_2(p_{2r,LL}-p_{2r,LL}(u(\rho,x)))$$

其中,$\tau_1,\tau_2\geq 0$是$p_{2r,LL}(u(\rho,x))\leq p_{2r,LL}\leq p_{2r,LL}^{F*}$和$x\in[0,1]$约束的库恩塔克

条件。由于 x 需满足 $x \cdot \frac{\partial L}{\partial x} = 0$，$\partial L/\partial x < 0$ 在 $\rho \in [1/2, 1]$ 上恒成立，所以 $x=0$。$\partial L/\partial x < 0$ 反映了制造商的收益随着零售商谎报概率的增加而减小，x 越大，信息甄别的效率就越低。由此可以得到制造商制定的最优防重新谈判合约，见定理4-3。

定理4-3 当 $\rho \leq \rho_1 = 1/(1+v)$ 时，完全承诺合约 $(t_{T,h}^{C*}, p_{Tr,h}^{C*})$ 即为防重新谈判合约；当 $\rho > \rho_1$ 时，防重新谈判合约与完全承诺合约分离，此时的防重新谈判合约为 $(t_{T,h}^{R*}, p_{Tr,h}^{R*})$[①]：

$$p_{Tr,h}^{R*} = \begin{cases} p_{Tr,h}^{F*} & h=H, HH, LH, HL \\ \dfrac{(\alpha_L - \alpha_H v)\eta}{2(1-v)\sigma} & h=L \\ \dfrac{(\alpha_L - \alpha_H(1-\rho))\eta}{2\rho\sigma} & h=LL \end{cases}$$

当 $\rho \leq \rho_1$ 时，完全承诺合约中的实体店定价 $p_{2r,LL}^{C*}$ 可以满足防重新谈判约束 (R)，此时防重新谈判合约与完全承诺合约为同一合约。当市场容量类型跨期不变的概率足够大时，即 $\rho > \rho_1$ 时，完全承诺合约不再满足防重新谈判约束，防重新谈判合约与完全承诺合约分离（见图4-4）。当 $\rho > \rho_1$ 时，两期内市场容量类型相同的概率较大，制造商通过第一期零售商的行动进行信念更新后，能够更准确地判断出第二期的市场容量类型，此时制造商以原承诺合约向零售商支付的意愿下降，即重新谈判的意愿增强。由此，防重新谈判约束影响增强，完全承诺合约与防重新谈判合约分离。此时实体店定价 $p_{2r,LL} = p_{2r,LL}^{R*}$（见图4-5）。因此，当 $\rho > \rho_1$ 时，完全承诺合约和防重新谈判合约只有在 $h=LL$ 的定价策略不同，且防重新谈判合约下零售商可以获得更高的限价，即 $p_{2r,LL}^{R*} > p_{2r,LL}^{C*}$。与完全承诺合约的推论4-4的(1)相同，在防重新谈判合约中，连续两期披露低类型信号的零售商在第二期可以获得高于第一期的限价，即 $p_{2r,LL}^{R*} > p_{1r,L}^{R*}$。

[①] 由于 $t_{T,h}^{R*}$ 表达式复杂，正文中不列出，详细见附录。

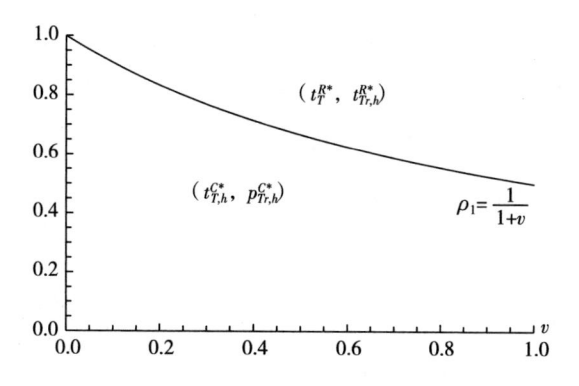

图 4-4　信息非对称条件下最优合约

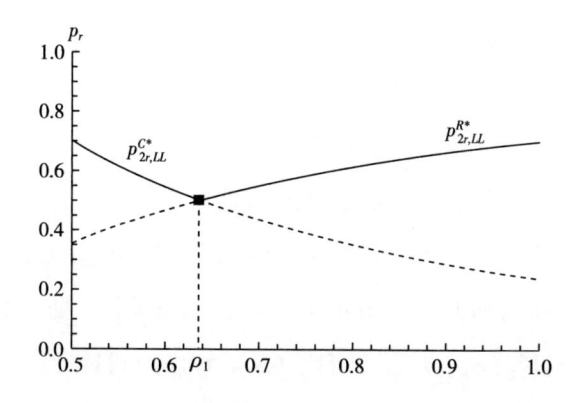

图 4-5　防重新谈判合约第二期定价策略

当 $\rho > \rho_1$ 时，防重新谈判合约下，高类型零售商在第一期和第二期可以获得的信息租金分别为：

$$\prod_{1R}^{R*}(\alpha_H, t_{1r,H}) = \frac{\Delta\alpha[(\alpha_H+\alpha_L)(1-\delta(1-\rho))+(p_{1r,L}^{R*}-\delta(p_{2r,LL}^{R*}(1-2\rho)+p_{2r,HL}^{R*}\rho))\eta]}{4-\lambda^2\phi^2}$$

$$\prod_{2R}^{R*}(\alpha_H, t_{2,iH}) = \frac{\Delta\alpha(\alpha_H+\alpha_L+p_{2r,iL}^{R*}\eta)}{4-\lambda^2\phi^2}$$

通过对比完全承诺和防重新谈判两种合约下高类型零售商可以获得的信息租金，可以得到结论 4-1。

结论 4-1　与完全承诺合约对比，当 $\rho > \rho_1$ 时，防重新谈判合约下：

（1）当前期信号为 L 时，第二期高类型零售商可以获得更高的信息租金，即 $\prod_{2R}^{R*}(\alpha_H, t_{2,LH}) > \prod_{2R}^{C*}(\alpha_H, t_{2,LH})$，当前期信号为 H 时，第二期高类型零售商在两种合约下获得的信息租金相同，即 $\prod_{2R}^{R*}(\alpha_H, t_{2,HH}) = \prod_{2R}^{C*}(\alpha_H, t_{2,HH})$；

（2）第一期高类型零售商也可以获得更高的信息租金，即 $\prod_{1R}^{R*}(\alpha_H, p_{1r,H}) \geqslant \prod_{1R}^{C*}(\alpha_H, p_{1r,H})$。

当前期信号为 H 时，第二期高类型零售商可以获得的信息租金只与定价 $p_{2r,HL}$ 有关。由于 $p_{2r,HL}^{R*} = p_{2r,HL}^{C*}$，所以该状态下高类型零售商在两种合约下获得的信息租金（利润）相同，即 $\prod_{2R}^{R*}(\alpha_H, t_{2,HH}) = \prod_{2R}^{C*}(\alpha_H, t_{2,HH})$。而当前期信号为 L 时，第二期高类型零售商在防重新谈判合约下可以获得更高的信息租金（利润），见图4-6中的阴影区域Ⅲ。由于该状态下制造商需要支付给零售商更多的信息租金，所以此时制造商获得的转移支付减少，即 $t_{2,LH}^{R*} < t_{2,LH}^{C*}$。对于第二期都披露为高类型市场的零售商，一个前期披露过高类型信号的零售商在第二期可以获得一个比前期披露过低类型信号的零售商更高的信息租金（利润）。完全承诺合约中为 $\prod_{2R}^{C*}(\alpha_H, t_{2,HH}) \geqslant \prod_{2R}^{C*}(\alpha_H, t_{2,LH})$（推论4-4的（2）），$\rho > \rho_1$ 时 $\prod_{2R}^{C*}(\alpha_H, t_{2,HH})$ 与 $\prod_{2R}^{C*}(\alpha_H, t_{2,LH})$ 之间的利润差为图4-6中的区域Ⅱ&Ⅲ。防重新谈判合约中为 $\prod_{2R}^{R*}(\alpha_H, t_{2,HH}) \geqslant \prod_{2R}^{R*}(\alpha_H, t_{2,LH})$，$\prod_{2R}^{R*}(\alpha_H, t_{2,HH})$ 与 $\prod_{2R}^{R*}(\alpha_H, t_{2,LH})$ 之间的利润差为图4-6中的区域Ⅱ。而在第一期，高类型零售商同样可以在防重新谈判合约下获得更高的利润，即 $\prod_{1R}^{R*}(\alpha_H, t_{1,H}) \geqslant \prod_{1R}^{C*}(\alpha_H, t_{1,H})$，第一期制造商获得的转移支付减少，$t_{1,H}^{R*} < t_{1,H}^{C*}$。这是由于防重新谈判合约下，当 $\rho > \rho_1$ 且信号为 LL 时，制造商会给予零售商高于完全承诺合约的限价（$p_{2r,LL}^{R*} > p_{2r,LL}^{C*}$）。虽然两种合约只在信号 LL 下的定价不同，但该定价会间接影响第一期制造商和零售商的收益，进而造成两期下零售商、制造商收益的变化。

结论4-2 在 $\rho > \rho_1$ 且信号为 LL 时，防重新谈判合约可以减少实体店售价向下扭曲的程度，即防重新谈判合约对制造商在第二期是最优的。

当 $\rho > \rho_1$ 时，与完全承诺合约相比，在信号为 LL 时，防重新谈判合约（$t_{T,h}^{R*}$，$p_{Tr,h}^{R*}$）对于制造商来说在第二期是最优的。信息非对称条件下，制造商为了实现信息甄别，防止高类型市场下的零售商谎报市场容量类型为低，其需要将低类型

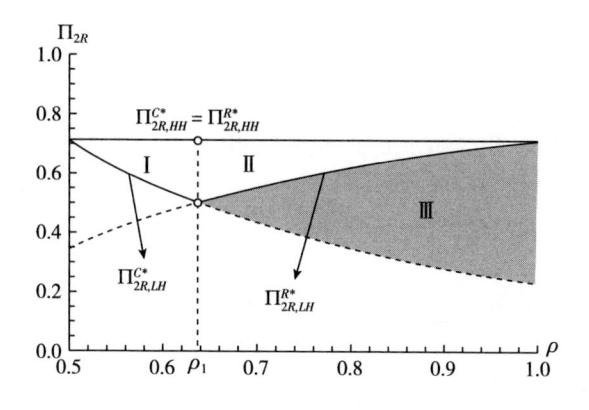

图 4-6　第二期高类型市场下零售商利润

市场下的实体店售价向下扭曲。而当 $\rho>\rho_1$ 时,制造商可以制定一个比完全承诺合约下更高的零售价,即 $p_{2r,LL}^{R*}>p_{2r,LL}^{C*}$,即减少实体店售价向下扭曲的程度,但该价格仍然是低于完全信息条件下的定价的($p_{2r,LL}^{F*} \geqslant p_{2r,LL}^{R*}$)。由此制造商在防重新谈判合约下的收益提升,即 $t_{2,LL}^{R*}>t_{2,LL}^{C*}$。因此,$\rho>\rho_1$ 且信号为 LL 时,防重新谈判合约对制造商在第二期是最优的。

推论 4-5　防重新谈判约束(R)只对市场容量类型跨期不连续($\rho<1$)条件下的制造商为紧。

当跨期类型不变时,即 $\rho=1$ 时,$p_{2r,LL}^{R*}=p_{2r,LL}^{F*}$,此时防重新谈判合约在第二期对于制造商来说是条件最优的,即防重新谈判约束(R)是非紧的。所以只有当 $\rho<1$ 时,即市场容量跨期不连续时,制造商在制定防重新谈判合约时,需要考虑防重新谈判约束为紧。

综上分析,表 4-2 将完全信息和信息非对称条件下的信息激励策略 $\{t_T, p_{Tr}\}$ 以及制造商、零售商的收益进行了梳理。信息非对称对供应链渠道定价以及制造商、零售商的收益都会造成影响。

从实体渠道的限价来看,信息非对称条件下,只要零售商有一期上报市场类型为高($h=H,HH,LH,HL$),制造商对实体渠道的限价策略不发生变化,即可以实现完全信息条件下的定价策略。当零售商第一期上报市场类型为低时,制造商对实体渠道的限价会向下扭曲,但零售商在完全承诺和防重新谈判两个合约下可以获得相同的定价。特别地,如果零售商连续两期披露市场类型为低,其在防重新谈判合约下可以获得高于完全承诺合约的定价,即防重新谈判合约可以在一定程度上缓解实体渠道定价向下扭曲的程度(结论4-2)。

表4-2 完全信息和信息非对称条件下的信息激励策略及收益对比①

	$p_{Tr,h}$	$t_{T,h}(\prod_{TM}(\alpha_h, t_{T,h}))$	$\prod_{TR}(\alpha_h, t_{T,h})$
$h=H$	$p_{Tr,h}^{F*}=p_{Tr,h}^{R*}=p_{Tr,h}^{C*}$	$t_{1,H}^{F*} > t_{1,H}^{R*} \geq t_{1,H}^{C*}$	$\prod_{1R}^{R*}(\alpha_H, t_{1,H}) \geq \prod_{1R}^{C*}(\alpha_H, t_{1,H}) > \prod_{1R}^{F*}(\alpha_H, t_{1,H})$
$h=HH$		$t_{2,HH}^{F*} > t_{2,HH}^{R*} = t_{2,HH}^{C*}$	$\prod_{2R}^{R*}(\alpha_H, t_{2,HH}) = \prod_{2R}^{C*}(\alpha_H, t_{2,HH}) > \prod_{2R}^{F*}(\alpha_H, t_{2,HH})$
$h=LH$		$t_{2,LH}^{F*} > t_{2,LH}^{R*} \geq t_{2,LH}^{C*}$	$\prod_{2R}^{R*}(\alpha_H, t_{2,LH}) \geq \prod_{2R}^{C*}(\alpha_H, t_{2,LH}) > \prod_{2R}^{F*}(\alpha_H, t_{2,LH})$
$h=HL$		$t_{2,HL}^{F*} = t_{2,HL}^{C*} = t_{2,HL}^{R*}$	$\prod_{2R}^{R*}(\alpha_L, t_{2,HL}) = \prod_{2R}^{C*}(\alpha_L, t_{2,HL}) = \prod_{2R}^{F*}(\alpha_L, t_{2,HL})$
$h=L$	$p_{1r,L}^{F*} > p_{1r,L}^{C*} = p_{1r,L}^{R*}$	$t_{1,L}^{F*} > t_{1,L}^{R*} \geq t_{1,L}^{C*}$	$\prod_{1R}^{F*}(\alpha_L, t_{1,L}) > \prod_{1R}^{R*}(\alpha_L, t_{1,L}) \geq \prod_{1R}^{C*}(\alpha_L, t_{1,L})$
$h=LL$	$p_{2r,LL}^{F*} \geq p_{2r,LL}^{R*} \geq p_{2r,LL}^{C*}$	$t_{2,LL}^{F*} \geq t_{2,LL}^{R*} \geq t_{2,LL}^{C*}$	$\prod_{2R}^{R*}(\alpha_L, t_{2,LL}) = \prod_{2R}^{C*}(\alpha_L, t_{2,LL}) = \prod_{2R}^{F*}(\alpha_L, t_{2,LL})$

从制造商和零售商的收益来看,完全信息条件下,由于制造商和零售商的信息对称且信息完全,制造商同样可以了解市场容量类型,因此零售商只能获得保留效用0。当制造商和零售商之间的信息非对称时,零售商在市场信息上更具优势,所以当市场类型为高时($h=H,HH,LH$),零售商可以获得大于保留效用的信息租金,且零售商在防重新谈判合约下可以获得大于或等于完全承诺合约的信息租金(结论4-1)。相反,只有当零售商连续两期披露市场类型为低时,即前期信号为LL时,防重新谈判合约对制造商最有利。

更进一步地,由于本章研究的是双渠道供应链下的信息甄别策略,因此渠道间的竞争强度γ、"搭便车"强度λ以及需求对服务的敏感度ϕ也会对甄别合约及供应链成员的收益带来影响。防重新谈判合约与完全承诺合约的关键区别在于实体店定价$p_{2r,LL}$不同。易得$\partial p_{2r,LL}^{R*}/\partial\lambda > \partial p_{2r,LL}^{C*}/\partial\lambda > 0$,"搭便车"强度$\lambda$越大,"搭便车"效应越强,网店通过对实体店体验性服务"搭便车"获得的需求越接近实体店提升的需求$\phi\sqrt{s_T}$。此时,渠道间差异度下降,线上线下渠道间冲突降低,制造

---

① 当$\rho<\rho_1$时,完全承诺合约与防重新谈判合约重合,表中$t_{T,h}^{R*} \geq t_{T,h}^{C*}$的不等号取等号,其他类似。

商、零售商可以制定更高的零售价。与完全承诺合约相比，防重新谈判合约下的定价 $p_{2r,LL}^{R*}$ 对"搭便车"强度 λ 更加敏感，即"搭便车"效应增强时，防重新谈判合约下的实体店定价提升得更多，信息租金对"搭便车"强度也更加敏感，即 $\partial \prod_{Th}^{R*} (\alpha_H, t_{T,h})/\partial \lambda > \partial \prod_{Th}^{C*} (\alpha_H, t_{T,h})/\partial \lambda > 0 (h=H, HH, LH)$。类似地，防重新谈判合约下的定价 $p_{2r,LL}^{R*}$ 对渠道间的竞争强度 γ 和需求对服务的敏感度 ϕ 也更加敏感，即 $\partial p_{2r,LL}^{R*}/\partial \gamma > \partial p_{2r,LL}^{C*}/\partial \gamma > 0$，$\partial p_{2r,LL}^{R*}/\partial \phi > \partial p_{2r,LL}^{C*}/\partial \phi > 0$。

4.7　本章小结

本章通过构建一个两阶段双渠道供应链模型，研究了当零售商更了解市场需求时，信息对称、信息非对称（事前）条件下制造商的激励策略，并对完全信息合约、完全承诺合约以及防重新谈判合约进行对比。得到的主要结论如下：

完全信息条件下：①制造商提供的合约只与当期市场类型相关，与前期市场类型（历史信息）无关；②高市场类型下，制造商要向零售商收取更高的转移支付，且制定更高的零售价格；③实体店定价总高于网店，且实体店定价对市场类型更加敏感。信息非对称时，在完全承诺和防重新谈判合约下：①只要零售商有一次披露市场类型为高，完全信息条件下的定价就可以实现分离；②低类型市场状态下，制造商需要向下扭曲实体店定价（采用低于完全信息合约的定价）以实现信息甄别；③当零售商连续两期披露市场类型为低时，制造商会提供给零售商一个比第一期更高的定价；④当第二期市场类型为低（高）时，披露过高类型市场信号的零售商可以获得比披露过低类型市场信号的零售商更高的限价（信息租金/利润）；⑤在一定条件下，完全承诺合约可以满足防重新谈判条件，即完全承诺合约与防重新谈判合约不分离；⑥当两个合约分离且前期信号为低时，第二期高类型零售商可以在防重新谈判合约下获得更高的信息租金，当前期信号为高时，第二期高类型零售商在两种合约下获得的信息租金相同，第一期高类型零售商在防重新谈判合约下也可以获得更高的信息租金；⑦一定条件下，防重新谈判合约可以减少实体店售价向下扭曲的程度，即与完全承诺合约对比，防重新谈判合约更优；⑧防重新谈判约束只对市场容量类型跨期不连续条件下的制造商为紧。

　　本章通过构建一个零售商同时经营实体店、网店的双渠道供应链模型，在两阶段的博弈周期内，考虑零售商为市场信息私有方时，研究制造商在不同合约下的信息甄别问题，使信息非对称条件下双渠道供应链的激励机制研究更加丰富。更进一步地，在未来的研究中可以将博弈周期从两周期进一步扩展为多周期甚至无限周期，以深入探究长期博弈下双渠道供应链的激励机制问题。

第5章 事前信息非对称静态博弈
——信号传递

5.1 引言

前两章从对市场信息的掌握程度不同的角度，研究了信息非对称发生在签订合约前——事前信息非对称，且零售商为信息优势方时，双渠道供应链中制造商的信息甄别策略。而从产品信息的角度来看，在供应链实践中，制造商既是产品的生产者，又在生产前做过相关的市场调研，所以其对产品的实际情况（如质量、销售潜力等）更加了解[7,8]，即制造商为产品信息的优势方。但信息非对称的存在可能使得零售商由于无法准确把握产品的实际情况而选择保守订货策略，这对于产品市场需求旺盛的制造商（本章称之为高类型制造商）来说是不利的。所以高类型制造商为了激励零售商乐观订货有动机把高类型信息传递给零售商，这样就出现了另一种事前信息非对称问题——"信号传递"[7]。

随着互联网技术的快速发展，不仅越来越多的零售商加入实体、网络渠道经营的行列，目前许多制造商也在原有传统分销渠道的基础上，纷纷开展了网络直销渠道，构成双渠道供应链，如IBM、联想等。一方面网络直销渠道可以帮助制造商更快地占有市场；另一方面，制造商的直销会在终端市场上与实体渠道形成竞争，这种现象称为"引入渠道竞争"[71]。已经有很多学者从渠道结构[14,17,25,31,36]、定价策略[22,37,38,44]、收益共享[20,23,52,109]等方面讨论了制造商开展网上直销的必要性，这些研究大多是在完全信息条件下展开的。但在供应链的实践中，双渠道供应链比传统单一模式的结构更为复杂，制造商与零售商之间往往是信息非对称的，这对于供应链的协调管理提出了更大的挑战。

在经典的信号传递模型中，信息传递方需要偏离完全信息状态下的最优决策，通过支付一定成本实现信号传递。本章研究的供应链信号传递模型中，制造商通过向零售商提供一个包含批发价、入场费（以及网店定价）的二级（三级）合约来实现信号传递。

本章研究发现，引入渠道竞争可以从两方面提升制造商的收益。首先，双渠道模式一定程度上增加了需求以及制造商的议价能力，从而使其收益增加，本章称之为"渠道竞争效应"，这与经典文献中的结论相符；其次，在信息非对称条件下，当市场需求参数满足条件时，引入渠道竞争（双渠道结构）可以降低制造商信号传递成本，本章称之为"信息非对称效应"。这两种效应的叠加解释了现实的供应链运营中制造商引入直销渠道的两种动机。

5.2 相关研究综述

本章主要涉及双渠道供应链组织结构和信号传递两个方面。对于双渠道供应链组织结构方面的研究，目前的学者主要侧重于信息对称条件下的研究。例如，Lu 和 Liu[31]、Xiao 等[16]、Matsui[18] 等学者。关于双渠道供应链组织结构方面的研究本书第 2.2.1 节已有综述，此处不再赘述。

对于信号传递的相关研究，则主要出现在经济学背景的问题研究中，而对于供应链背景下的信号传递问题的文献还相对较少，且已有研究多集中于单渠道供应链。Desai 和 Srinivasan[8] 研究了特许经营委托人和代理人的信息传递策略，并将代理人的努力纳入考虑，特许经营商（委托人）有高、低两种类型，委托人通过约定特许经营费实现信号传递。Desai[7] 又在此基础上，分析制造商通过广告、入场费和批发价进行信号传递。研究表明，在竞争激烈的零售市场，制造商需要提供入场费使得零售商能抵消其花费的存货费。与本章研究更为相近的是，Li[71] 从制造商入侵角度切入，对零售商具有私有信息时单一渠道和引入渠道竞争后信号传递模型进行研究。研究发现，单一渠道时，零售商没有动机信息共享，但考虑引入渠道竞争时，零售商希望通过信号传递，让制造商认为市场需求是小的，从而减小竞争，但这放大了双重边际化的效应，对双方都造成伤害。除以上研究外，朱立龙和尤建新[72] 研究了非对称信息条件下供应链节点企业间的信号传递问题。研究表明，供应商有激励性动机将其生产产品质量以信号传递给生产商，而生产商观测到信号后会提高向前支付，整个供应链的联合期望收益得到提升。孟炯等[73] 则从产品安全性能对消费者的影响入手，对制销联盟安全信号传递原理进行了研究。其将产品安全性能纳入消费者效用函数。研究发现，履行安全责任较好的厂商会采取积极的安全信号传递，使产品在安全责任上差异化，实现分离均衡。

以上这些文献虽然在双渠道供应链和信号传递方面都有涉及，但是对于双渠道供应链的信号传递研究还比较少。近期与本章研究最接近的是 Desai[7] 和 Li[71] 的研究，都是讨论供应链背景下的信息非对称问题。本章与之的不同地方在于，Desai[7] 对单渠道模式下的信号传递问题进行了研究，并延伸至两个对称实体终端的双渠道模式，而本章则是在含有网络直销渠道的双渠道供应链框架下，研究引入渠道竞争对信号传递决策的影响。虽然 Li[71] 也从引入渠道竞争的角度研究了双渠道供应链的信号传递问题，但 Li[71] 是讨论从零售商向制造商的信号传递，而本章则基于制造商更了解市场需求的研究假设展开，讨论双渠道结构模式对信号传递成本的影响，从而证实在信号传递的前提下，制造商有动机开设网上直销渠道。

本章随后章节如下安排，第 5.3 节进行模型符号说明，第 5.4 节分析了作为讨论基准的单渠道模式下的信号传递模型；第5.5节分析了引入渠道竞争后制造商的信号传递决策，同时展示了"渠道竞争"以及"信息非对称"两种效应对决策参数的影响机理；第5.6节对比了两种模式下信号传递在决策变量、有效区间、信息成本之间的差异；第5.7节总结了本章研究结论以及未来研究方向。

5.3 模型构建

本节考虑一个产品制造商（M）和一个零售商（R）组成的二级供应链模型中，制造商以批发价 w 委托零售商进行产品销售，并向零售商支付一定的进场费 L。零售商投入成本为 s 的附加值服务推动实体店产品销售（单价为 p_d）。本章假设产品的需求潜力 α_i 有两种类型：高需求和低需求类型，即 $i\in\{H,L\}$，α_H 代表产品需求潜力为高，α_L 代表产品需求潜力为低，且假设 $\alpha_H>\alpha_L$，$\alpha_L>\rho\alpha_H$。由于制造商对产品性能更了解，产品研发期间还可能进行了市场调查，因此假设制造商确切了解产品实际需求潜力 α_i。而 α_i 对于零售商是未知的，只能了解 α_i 的分布。产品需求潜力的分布满足 $\Pr(\alpha_i=\alpha_H)=\rho$，$\Pr(\alpha_i=\alpha_L)=1-\rho$，且 $0<\rho<1$。用 α_j 表示零售商对产品需求的信念，其中 $j\in\{H,L\}$。当 $i=j$ 时，即表示零售商对产品需求潜力的判断与实际情况相符，反之亦然。因此产品需求潜力是制造商的私有信息（为了表述方便，下文直接称 α_i 为制造商的私有类型）。一般来说，产品需求潜力将影响零售商的订货决策（产品需求潜力为高时，零售商愿意做出更高的订货决策，反之亦然），进而影响制造商的销量和收益。因此制造商有动力在合约参数的制定上主动体现产品需求潜力的信息，即进行信号传递[7]。

本章首先考虑单渠道模式下制造商的信号传递情况，并在此基础上分析制造商开设一个网络直销渠道（双渠道模式），即引入渠道竞争对信号传递的影响，如图5-1所示。

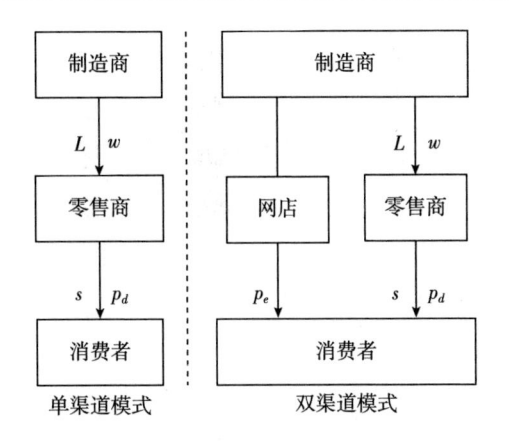

图 5-1 单渠道双渠道信号传递模型示意图

实体店和网店的实际需求（q_d、q_e）受到产品需求类型 α_i、产品价格、零售商附加服务 s 的影响。用 p_d、p_e 分别表示实体店和网店的产品价格。参考 Desai[7] 的设定，由此得到单渠道模式下的需求为 $q_d = \alpha_i - p_d + \phi\sqrt{s} + \varepsilon$，其中 $\phi\sqrt{s}$ 是零售商提供的体验服务为实体渠道增加的附加需求，ε 是外生随机变量，本章假设 $E(\varepsilon) = 0$。本章进一步假设当存在双渠道时，实体渠道的体验服务在一定程度上也促进网店销量[4]，因此双渠道供应链中实体店网店的需求分别为 $q_d = \alpha_i - p_d + rp_e + \phi\sqrt{s} + \varepsilon$，$q_e = \alpha_i - p_e + r(p_d + \phi\sqrt{s}) + \varepsilon$。$r$ 表示两个渠道竞争的强度，且 r 越大竞争越激烈；由于网店体验性较差，其无法提供产品的体验性服务，但网店可以通过对实体店的服务"搭便车"[4]，即消费者可以在实体店体验产品（享受实体零售商服务）后从网店购买产品。由此实体零售商的服务会在一定程度上提高网店的销量。但由此带来的网店销量增幅要小于实体店，因此本章用 $r\phi\sqrt{s}$ 表示零售商提供的体验服务为网店增加的附加需求，且 $r<1$。从而零售商利润为 $\prod_d = (p_d - w)q_d - s + L$，制造商收益为 $\prod_m = wq_d - L$（双渠道模式中为 $\prod_m = wq_d - L + p_e q_e$）。博弈双方皆为风险中性，根据期望利润最大化做出相关决策。

因此，本章研究制造商如何制定合约 (w, L)（双渠道模式下为 (w, L, p_e)）可以传递产品需求潜力 α 的信号，从而实现分离均衡。结合供应链管理实际，本章只集中讨论分离均衡的情况。

模型涉及的制造商、零售商的博弈时序为：①博弈初期，零售商对产品需求潜力的信念初始分布（ρ 和 $1-\rho$）；②制造商向零售商提供合约（w_i, L_i）（双渠道模式下提供合约（w_i, L_i, p_{ei}））；③根据制造商提供的合约，零售商更新其信念为 α_j 并决定是否接受合约。如果不接受博弈结束，如果接受博弈进入下一阶段；④零售商根据更新后的产品需求类型 α_j 以及网店定价 p_e 决定实体销售价 p_d 和提供的附加值服务 s；⑤需求实现，各方完成销售和收益。模型博弈时序如图 5-2 所示。

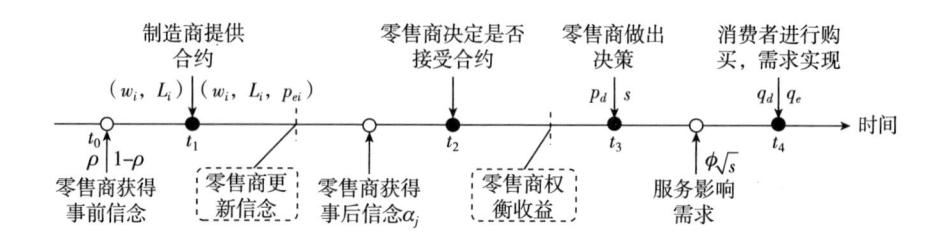

图 5-2 博弈时序

5.4 单渠道供应链制造商信号传递策略

本节对单渠道模式下，制造商的信号传递策略做出分析。首先对完全信息条件下零售商、制造商的最优决策分别进行讨论，并以此为基准考察单渠道模式下制造商的合约（w_i, L_i）。

5.4.1 完全信息的单渠道基准模型

信息对称条件下，制造商和零售商都清楚了解产品需求潜力的实际情况为

α_H 或 α_L，即此时 $\alpha_i=\alpha_j$，其中 $i,j \in \{H,L\}$。本章用上角标"S"表示单渠道模式，"F"代表完全信息状态。根据图 5-2 中的博弈时序可知，完全信息条件下制造商向零售商提供包括批发价、入场费的二级合约 (w^{SF}, L^{SF})，零售商接受合约后进行产品定价 p_d^{SF}，提供附加值服务 s^{SF}，需求实现，各方获得收益。下面利用逆向归纳法，首先对零售商的决策进行分析。

5.4.1.1 零售商决策

单渠道模式下，制造商根据其信念 α_i 制定合约 (w_i^{SF}, L_i^{SF})；零售商面临的需求 $q_d=\alpha_j-p_d+\phi\sqrt{s}$ 依赖于其信念 α_j。零售商的利润为 $\prod_d=(p_d-w)q_d-s+L$。由一阶条件可得零售商的实体渠道最优产品定价以及最优附加值服务决策为：

$$p_d^{S*}(w_i;\alpha_j)=\frac{1}{\lambda}[-2\alpha_j+w_i(-2+\phi^2)], \quad s^{S*}(w_i;\alpha_j)=\frac{1}{\lambda^2}(\alpha_j-w_i)^2\phi^2 \quad (5-1)$$

其中，上角标"$*$"表示最优状态，$\lambda=-4+\phi^2$。由式（5-1）可知零售商的定价与服务决策都依赖于其信念 α_j，并受制造商指定的批发价 w_i 的影响。

5.4.1.2 制造商决策

实体渠道需求为 $q_d^{S*}(p_d^{S*}(w_i;\alpha_j);\alpha_i)=\alpha_i-p_d^{S*}(w_i;\alpha_j)+\phi\sqrt{s^{S*}(w_i;\alpha_j)}$，将 $s^{S*}(w_i;\alpha_j)$、$p_d^{S*}(w_i;\alpha_j)$ 代入可得依赖于制造商批发价 w_i 的实体渠道面临的实际需求：

$$q_d^{S*}(p_d^{S*}(w_i;\alpha_j);\alpha_i)=\alpha_i+\frac{1}{\lambda}(\phi\sqrt{(\alpha_j-w_i)^2\phi^2}+2\alpha_j-w_i(-2+\phi^2)) \quad (5-2)$$

由式(5-2)可以发现，实体渠道面临的需求 $q_d^{S*}(p_d^{S*}(w_i;\alpha_j);\alpha_i)$ 不仅依赖于制造商的信念 α_i，同时也受零售商的信念 α_j 影响（通过 p_d^{S*} 传递）。

在本节中由于信息对称，零售商的信念即为真实的产品需求潜力类型，即 $\alpha_i=\alpha_j$，其中 $i,j\in\{H,L\}$。为了计算方便，对式(5-2)中根号内算式的符号进行讨论后，可将式(5-2)化简得到完全信息条件下单渠道的最优销量：

$$q_d^{SF*}(w_i;\alpha_i)=\frac{2}{\lambda}(\alpha_i-w_i)(\phi^2-1), \quad i\in\{H,L\} \quad (5-3)$$

为了保证 $q_d>0$，要求 $\phi>1$，$\phi\neq 2$，且需满足关系：$w_i>\alpha_i$ 且 $\phi<2$，或 $w_i<\alpha_i$

且 $\phi>2$。讨论过程见附录。零售商可以依赖于完全可见的市场需求进行订货,因此高类型制造商可以获得高的订货量,低类型制造商只能得到低的订货量,即 $q_d^{SF*}(w_H;\alpha_H) > q_d^{SF*}(w_L;\alpha_L)$。

用 (w^{SF}, L^{SF}) 表示完全信息条件下单渠道供应链中制造商提供的合约,此时制造商的利润 $\prod_m(w, L; \alpha_i)$ 最大化问题 (P_1) 由以下求得:

$$(P_1): \max_{w_i, L_i} \prod_m(w_i, L_i; \alpha_i) = w_i q_d - L_i$$

$$\text{s. t. } \prod_d(w_i, L_i; \alpha_i) \geqslant \pi(0) \quad (IR)$$

其中,$\prod_d(w_i, L_i; \alpha_i) = [p_d^{S*}(w_i;\alpha_i) - w_i] q_d^{S*}(w_i;\alpha_i) - s^{S*}(w_i;\alpha_i) - L_i$,$\pi(0)$ 是零售商的保留效用,(IR) 是零售商的参与约束,即零售商选择合约 (w^{SF}, L^{SF}) 后,至少可以获得与保留效用 $\pi(0)$ 等同的收益才会参与合作。由参与约束可以解得:

$$L(w_i;\alpha_i) = \frac{1}{\lambda^2}(-4+5\phi^2)(\alpha_i-w_i)^2 + \pi(0) \tag{5-4}$$

由此可以对问题 (P_1) 求解,并得到完全信息条件下单渠道供应链中制造商的最优决策和收益(见定理5-1)。

定理5-1 完全信息条件下,单渠道供应链中制造商的最优策略为 (w_i^{SF*}, L_i^{SF*}),收益为 $\prod_{mi}^{SF*}$,其中:

$$w_i^{SF*} = \frac{\alpha_i \phi^4}{\lambda(\phi^2-1)+\phi^4}, \quad L_i^{SF*} = \frac{\alpha_i^2(\phi^2-1)^2(-4+5\phi^2)}{(\lambda(\phi^2-1)+\phi^4)^2} + \pi(0)$$

$$\prod_{mi}^{SF*} = \frac{\alpha_i^2(\phi^2-1)^2}{\lambda(\phi^2-1)+\phi^4} - \pi(0) \quad i \in \{H, L\}$$

由于市场需求 α_i 对双方同时可见,因此整个博弈过程双方都依赖于真实的市场需求 α_i 进行决策,制造商获得的相应的收益也直接受 α_i 影响。

5.4.2 制造商的信号传递决策

前文对完全信息条件下制造商和零售商的决策进行了分析。研究发现在信息对称的情况下,零售商会对需求潜力高的产品订货量更高,即 $q_d^{SF*}(w_H;\alpha_H) >$

$q_d^{SF*}(w_L;\alpha_L)$,零售商只能获得保留效用$\pi(0)$。而信息非对称条件下,产品需求潜力类型α_i是制造商的私有信息,低类型制造商可能会伪装为高类型从而获取更高的订货量,而零售商又可能为了防止被低类型制造商欺骗而制定保守的订货决策,这些行为都对高类型制造商的利益造成了伤害。

若高类型制造商制定合约(w_H^{SA}, L_H^{SA}),其中上标"A"代表信息非对称状态。此时,低类型制造商有动力也制定(w_H^{SA}, L_H^{SA})进行伪装,如果成功使零售商误认为产品是高需求的,则其信念更新为$\alpha_j=\alpha_H$,决策后提供高类型产品对应的价格$p_d^{S*}(w_H;\alpha_H)$和附加值服务$s^{S*}(w_H;\alpha_H)$。但由于产品真实类型为低需求潜力,即$\alpha_i=\alpha_L$,因此需求实现为高产品定价下的低需求,即$q_d(p_d^{S*}(w_H;\alpha_H);\alpha_L)=\alpha_L-p_d^{S*}(w_H;\alpha_H)+\phi\sqrt{s^{S*}(w_H;\alpha_H)}$,由此可得引理5-1。

引理5-1 信息非对称条件下,单渠道低类型制造商伪装为高类型制造商时实现的实际需求为:

$$q_d(p_d^{S*}(w_H;\alpha_H);\alpha_L)=q_d^{SF*}(w_H;\alpha_H)-\underbrace{E^q}_{\text{信息非对称效应}}$$

其中,E^q为渠道需求的"信息非对称效应"因子,表示信息非对称效应对销量的影响,$E^q=\Delta\alpha=\alpha_H-\alpha_L$。引理5-1反映了低类型制造商的伪装行为与真实高市场环境下的销量差异$\Delta\alpha$。用V_{ij}表示产品需求潜力为α_i的制造商伪装为α_j所获得的利润,则在这种情况下,低类型制造商伪装为高类型获得的利润为:

$$V_{LH}(w_H,L_H;\alpha_L)=\frac{1}{\lambda^2}[-w_H^2(\lambda(\phi^2-1)+\phi^4)+\alpha_H^2(4-5\phi^2)+$$
$$\alpha_H w_H(2\phi^4-\lambda^2)]+\alpha_L w_H-\pi(0) \tag{5-5}$$

由于缺乏直接进行的可信赖的信息交流渠道,而高类型制造商又预见到零售商会从合约(w_i^{SA*}, L_i^{SA*})中获取市场需求的信号,因此会主动在合约中披露真实的产品需求潜力信息。为了实现有效信号传递,信息非对称条件下高类型制造商的最优问题(P'_1)为:

$$(P'_1):\max_{w_H,L_H}\prod_m(w_H,L_H;\alpha_H)=w_H q_d-L_H$$

$$\text{s. t. } \prod{}_d(w_H, L_H; \alpha_H) \geq \pi(0) \quad (IR)$$

$$V_{LH}(w_H, L_H; \alpha_L) \leq \prod{}_{mL}^{SF*} \quad (IC)$$

(P'_1) 相对于完全信息条件下 (P_1) 多了激励约束 (IC)，在信息非对称条件下，当高类型制造商取定一对信号传递值 (w_H^{SA}, L_H^{SA})（有可能不等于完全信息条件下），若低类型制造商为了伪装高类型也选择 (w_H^{SA}, L_H^{SA})，则其能获得的收益最多为 $V_{LH}(w_H, L_H; \alpha_L)$；而若低类型制造商不进行伪装，选择低类型合约 (w_L, L_L)，零售商会反馈市场为低时的相应的实体渠道定价以及定货量，此时制造商收益为 $\prod{}_{mL}^{SF*}$（即信息完全时的利润）。在 (w_H^{SA}, L_H^{SA}) 下，当 $V_{LH}(w_H, L_H; \alpha_L)$ 不超过 $\prod{}_{mL}^{SF*}$ 时，低类型制造商没有伪装动机，可以实现信号传递条件下的分离均衡。

值得注意的是，当市场环境满足一定条件时，哪怕高类型制造商不改变完全信息条件下的最优合约 (w_H^{SF*}, L_H^{SF*})，也能与低类型制造商区别开来。具体来说，如果低类型制造商选择 (w_H^{SF*}, L_H^{SF*}) 所获得的利润 $V_{LH}(w_H^{SF*}, L_H^{SF*}; \alpha_L)$ 小于其不伪装时的利润 $\prod{}_{mL}^{SF*}$，即满足 $V_{LH}(w_H^{SF*}, L_H^{SF*}; \alpha_L) < \prod{}_{mL}^{SF*}$。

此时，低类型制造商就没有动机进行伪装，高类型制造商可以通过完全信息条件下的定价策略就可以实现分离，相反则需调整策略为 (w_H^{SA}, L_H^{SA})，由此，对非对称信息下单渠道中制造商的信号传递决策问题 (P'_1) 求解，见定理 5-2。

定理 5-2 信息非对称条件下，当且仅当 $\alpha_L \in (\alpha_L^{SA}, \alpha^H)$ 时，单一渠道中制造商会选择更高的批发价定价策略实现信号传递；否则制造商选择信息完全时的批发价 w_H^{SF*} 就可以实现自然分离：

$$w_H^{SA*} = \begin{cases} w_H^{SF*} + \underbrace{E^{Sw}}_{\text{信息非对称效应}} & \text{if } \alpha_L \in (\alpha_L^{SA}, \alpha_H) \\ w_H^{SF*} & \text{if otherwise} \end{cases}$$

其中：

$$E^{Sw} = \frac{\lambda}{2} \cdot \frac{\sqrt{-3\alpha_L^2 \lambda + \alpha_H^2(20 - 16\phi^2 + \phi^4) + 2\alpha_H \alpha_L (2\phi^4 - \lambda^2)} - \lambda \Delta \alpha}{\lambda(\phi^2 - 1) + \phi^4}$$

$$\alpha_L^{SA} = \frac{\alpha_H(-1 + 2\phi^2)}{(-1 + \phi^2)^2}$$

由定理5-2可以看到，单渠道模式下，"信息非对称效应"对制造商决策的影响。当$\alpha_L \in (\alpha_L^{SA}, \alpha^H)$时，制造商制定的批发价$w_H^{SA*}$是完全信息条件下的批发价$w_H^{SF*}$与一个非负因子$E^{Sw}$的和，其中$E^{Sw}$为批发价的"信息非对称效应"因子，表示单渠道模式下信息非对称引发的批发价向上扭曲的部分，由表达式易知$E^{Sw}>0$；可见制造商需要制定更高的批发价进行信号传递，即批发价发生向上扭曲；反之，由于两种市场需求差异过大，强烈的市场波动下批发价不需要向上扭曲，则可以实现分离，称为自然分离，此时批发价就取完全信息条件下的w_H^{SF*}。

同理，根据式（5-4），记$\widetilde{w}^S = w_H^{SF*} + E^S$，制造商需要支付的入场费$L$也由于批发价的不同取值而有所不同：

$$L_H^{SA*} = \begin{cases} L(\widetilde{w}^S) & if\ a_L \in (a_L^{SA}, a^H) \\ L(w_H^{SF*}) & if\ otherwise \end{cases}$$

易证$L(\widetilde{w}^S) \leq L(w_H^{SF*})$，所以，当$\alpha_L \in (\alpha_L^{SA}, \alpha^H)$时，高类型制造商支付的入场费会发生向下扭曲，即高类型制造商在信号传递时需要支付比完全信息条件下更低的入场费。

在这种情况下，更高的批发价和更低的入场费可以作为高类型制造商的一种信号，高类型制造商为了体现自己的产品具有更好的性能或需求潜力，而制定高于完全信息条件下的批发价，向上扭曲的价格所导致的制造商利润的减少即为厂商信号传递所付出的成本。向下扭曲的入场费也体现了高类型制造商拥有更高的议价能力。当零售商观察到制造商给出更高的批发价以及更低的入场费合约时，可以认为其产品是高需求潜力的。例如，现实中，很多质量或性能较好的产品价格往往高于其他同类产品，厂商通过高定价向消费者传递产品优质的信息，实现与竞争产品区分。而这样的产品往往竞争力较强，因此，制造商也更有话语权，在要求高批发价的同时，也会降低支付给零售商的入场费。

5.5 双渠道信号传递策略

前文分析了单渠道模式下,制造商的信号传递模型。研究发现,高类型的制造商为了向零售商传递产品是高需求类型的信息,在某些市场条件下,$\alpha_L \in (\alpha_L^{SA}, \alpha^H)$,需要向上扭曲批发价,并向零售商支付更低的入场费,信息非对称导致了制造商利润的损失。本节考虑制造商引入一个网络直销渠道构成双渠道模式,向零售商提供一个三级合约(w, L, p_e)进行信号传递,以探究渠道竞争是否可以减少制造商信号传递的成本,获得更高的收益。下面首先对完全信息下双渠道模式的基准情况进行分析。

5.5.1 完全信息的双渠道基准模型

完全信息条件下,制造商引入直销网店后,产品需求潜力仍然是制造商和零售商的共有信息,即$\alpha_i = \alpha_j$。与单渠道模式不同的是,引入渠道竞争后,两个渠道之间产生了竞争,进而对产品定价、需求等方面带来了影响,间接改变了制造商提供的合约。同理,利用逆向归纳法先对零售商的相关决策进行分析,本章用上角标"D"表示双渠道模式。

5.5.1.1 零售商决策

根据模型假设可知,双渠道模式下,实体店面临的需求为$q_d = \alpha_i - p_d + rp_e + \phi\sqrt{s} + \varepsilon$,网店面临的需求为$q_e = \alpha_i - p_e + r(p_d + \phi\sqrt{s}) + \varepsilon$。此时制造商的利润包括实体渠道和网络直销渠道两部分,即$\prod_m = wq_d - L + p_e q_e$;而零售商的利润结构不发生变化,仍为实体渠道的利润$\prod_d = (p_d - w)q_d - s + L$。根据图5-2的博弈时序,双渠道模式下,零售商的决策是依赖于w和p_e做出的。由$\partial \prod_d / \partial s = 0$和$\partial \prod_d / \partial p_d = 0$可以得到:

$$s^{D*}(w_i, p_{ei}; \alpha_j) = \frac{1}{\lambda^2}(\alpha_j + p_{ei}r - w_i)^2 \phi^2 \qquad (5\text{-}6)$$

$$p_d^{D*}(w_i, p_{ei}; \alpha_j) = p_d^{S*}(w_i; \alpha_j) - \frac{2}{\lambda}p_{ei}r \qquad (5\text{-}7)$$

对比式（5-6）和单渠道模式下零售商的附加服务决策 $s^{S*}(w_i; \alpha_j)$ 可以发现，渠道入侵后，不仅批发价会影响零售商的附加服务决策，新增的网店产品定价 p_e 以及渠道间竞争强度 r 都会间接影响零售商提供的服务水平。

5.5.1.2 制造商决策

由前文相似的逻辑，制造商将基于预期的零售商的 p_d^{D*} 决策，制定批发价，将式（5-6）和式（5-7）代入 $q_d = \alpha_i - p_d + rp_e + \phi\sqrt{s}$ 可得实体店面临的需求：

$$q_d^{D*}(p_d^{D*}(w_i, p_{ei}; \alpha_j); \alpha_i) = \alpha_i + p_{ei}r + \phi\sqrt{\frac{(\alpha_j + p_{ei}r - w_i)^2\phi^2}{\lambda^2} + \frac{2\alpha_j + 2p_{ei}r - w_i(-2+\phi^2)}{\lambda}}$$

(5-8)

由式(5-8)可以发现，实体渠道面临的需求 $q_d^{D*}(p_d^{D*}(w_i, p_{ei}; \alpha_j); \alpha_i)$ 同样不仅依赖于制造商的信念 α_i，同时也受零售商的信念 α_j 影响（通过 p_d^{D*} 传递）。

信息对称时，零售商的信念即为真实的产品需求潜力类型，即 $\alpha_i = \alpha_j$，其中 $i, j \in \{H, L\}$。对式(5-8)化简可得双渠道模式下实体渠道面临的实际需求：

$$q_d^{DF*}(w_i, p_{ei}; \alpha_i) = q_d^{SF*}(w_i; \alpha_i) + \frac{2}{\lambda}p_{ei}r(\phi^2 - 1) \qquad (5\text{-}9)$$

同理，由 $q_e = \alpha_i - p_e + r(p_d + \phi\sqrt{s}) + \varepsilon$ 可得网店面临的需求为：

$$q_e^{DF*}(w_i, p_{ei}; \alpha_i) = \frac{1}{\lambda}[-2rw_i + \alpha_i(\lambda + r(\lambda+2)) + p_{ei}(-\lambda + r^2(\lambda+2))] \qquad (5\text{-}10)$$

为了保证 $q_d > 0$，须 $\phi > 1$，$\phi \neq 2$，且需满足关系：$\alpha_i + p_{ei}r - w_i < 0$ 且 $\phi < 2$，或 $\alpha_i + p_{ei}r - w_i > 0$ 且 $\phi > 2$。讨论过程见附录。

完全信息条件下的双渠道模式中，制造商的利润 $\prod_m(w, L, p_e; \alpha_i)$ 由实体渠道和网络直销渠道两部分组成。因此，制造商的利润最大化问题(P_2)由以下求得：

$$(P_2): \max_{w_i, L_i, p_{ei}} \prod_m(w_i, L_i, p_{ei}; \alpha_i) = w_i q_d + p_{ei} q_e - L_i$$

$$\text{s.t.} \prod_d(w_i, L_i, p_{ei}; \alpha_i) \geq \pi(0) \quad (IR)$$

由参与约束 $\prod_d (w, L, p_e; \alpha_i) = \pi(0)$ 可得：

$$L(w_i, L_i, p_{ei}; \alpha_i) = \frac{(\alpha_i + p_{ei} r - w_i)^2 (-4 + 5\phi^2)}{(-4 + \phi^2)^2} + \pi(0) \quad (5-11)$$

对比式（5-4）和式（5-11）可以发现，渠道竞争后，制造商提供入场费也多了一个渠道间竞争因子 rp_e，且网络渠道产品定价越高，制造商需要支付给零售商的入场费越高。通过求解（P_2）可以得到定理 5-3。

定理 5-3 信息对称条件下双渠道模式中制造商分离均衡为 (w_i^{DF*}, L_i^{DF*}, p_{ei}^{DF*})，最优收益为 $\prod_{mi}^{DF*}$，其中：

$$w_i^{DF*} = \frac{\alpha_i [-2\phi^4 + r(\lambda - \phi^4) + r^2(-4 + 3\phi^2 + \phi^4)]}{2[\lambda(1-\phi^2)(1-r^2) - \phi^4(1-2r^2)]}$$

$$p_{ei}^{DF*} = -\frac{\alpha_i [\lambda(\phi^2-1) + \phi^4 + r(4 - 7\phi^2 + 4\phi^4)]}{2[\lambda(1-\phi^2)(1-r^2) - \phi^4(1-2r^2)]}$$

$$L_i^{DF*} = \frac{\alpha_i^2 (1+r)^2 (-4+5\phi^2) [2(1-\phi^2) + r(-2+\phi^2)]^2}{4[\lambda(1-\phi^2)(1-r^2) - \phi^4(1-2r^2)]^2} + \pi(0)$$

$$\prod_{mi}^{DF*} = \frac{\alpha_i^2 [-8 + 13\phi^2 - 6\phi^4 + r^2\phi^2(1-2\phi^2) - 2r(4 - 7\phi^2 + 4\phi^4)]}{4[\lambda(1-\phi^2)(1-r^2) - \phi^4(1-2r^2)]} - \pi(0)$$

通过对比定理 5-1 和定理 5-3 可以发现，增设网络直销渠道后，制造商的议价能力增加，即可以制定更高的批发价 ($w_i^{DF*} \geq w_i^{SF*}$)。由于增加了直销渠道，制造商的利润来源从原有的实体渠道变为实体、网络两条渠道，并且网络直销渠道避免了双重边际化的影响，因此，制造商在双渠道供应链中可以获得更高的收益（即 $\prod_{mi}^{DF*} \geq \prod_{mi}^{SF*}$），这与目前的已有研究结论相符[14,31,71]。从这一角度来说，增设网络直销渠道对制造商是合理且有利可图的。

5.5.2 制造商的信号传递决策

与单渠道模式不同，增加了网络直销渠道后，网店价格和批发价一样都属于传递类信号，若高类型的制造商会向零售商提供合约(w_H^{DA}，L_H^{DA}，p_{eH}^{DA})进行信号传递，低类型制造商有动力也选择(w_H^{DA}，L_H^{DA}，p_{eH}^{DA})进行伪装，如果成功使得零售商误认为需求为高，则信念更新为$\alpha_j=\alpha_H$，并提供高类型对应的实体渠道价格$p_d^{D*}(w_i, p_{ei}; \alpha_j)$和服务$s^{D*}(w_i, p_{ei}; \alpha_j)$。但由于实际需求为低，引发的实体店需求为：

$$q_d(p_d^{D*}(w_H, p_{eH}; \alpha_H); \alpha_L)=\alpha_L-p_d^{D*}(w_H, p_{eH}; \alpha_H)+rp_{eH}+\phi\sqrt{s^{D*}(w_H, p_{eH}; \alpha_H)}$$

同理，低类型的制造商为了伪装为高类型制造商而选择高类型合约，因此网店定价必须为p_{eH}^{DA*}，但实际需求同样实现的是低需求：

$$q_e(p_d^{D*}(w_H, p_{eH}; \alpha_H); \alpha_L)=\alpha_L-p_{eH}+r(p_d^{D*}(w_H, p_{eH}; \alpha_H)+\phi\sqrt{s^{D*}(w_H, p_{eH}; \alpha_H)})$$

结合式（5-9）、式（5-10）可得引理5-2。

引理5-2 信息非对称条件下，引入渠道竞争后，低类型制造商伪装为高类型制造商时实体店和网店实现的实际需求分别为：

$$q_d(p_d^{D*}(w_H, p_{eH}; \alpha_H); \alpha_L)=\overbrace{q_d^{SF*}(w_i; \alpha_i)+\underbrace{N^q}_{\text{渠道竞争效应}}}^{q_d^{DF*}(w_i;p_{ei};\alpha_i)}-\underbrace{E^q}_{\text{信息非对称效应}}$$

$$q_e(p_d^{D*}(w_H, p_{eH}; \alpha_H); \alpha_L)=q_e^{DF*}(w_H, p_{eH}; \alpha_H)-\underbrace{E^q}_{\text{信息非对称效应}}$$

其中，

$$N^q=\frac{2}{\lambda}p_{ei}r(\phi^2-1)$$

由引理5-2可以发现，此时渠道需求同时受两种效应的影响。首先与单渠道模式相比，产生了"渠道竞争效应"因子N^q，由于渠道竞争，实体渠道销量下降（$N^q<0$）。同时非对称条件下仍然有"信息非对称效应"引发的E^q因子，即低类型制造商的伪装行为与真实高市场环境下的销量相比减少了$\Delta\alpha$，而且网络直销渠道的销量也有相同的差距。

因此，信息非对称条件下，低类型制造商选择高类型合约时获得的利润可以写为$V_{LH}(w_H, L_H, p_{eH}; \alpha_L)=w_H q_d(p_d^{D*}(w_H, p_{eH}; \alpha_H); \alpha_L)+p_{eH}q_e(p_d^{D*}(w_H, p_{eH}; \alpha_H); \alpha_L)-L_H$。

为了实现信号传递，此时高类型制造商的利润最大化问题(P'_2)为：

$$(P'_2): \max_{w_H, L_H, p_{eH}} \prod_m(w_H, L_H, p_{eH}; \alpha_H) = w_H q_d + p_{eH} q_e - L_H$$

$$\text{s.t.} \prod_d(w_H, L_H, p_{eH}; \alpha_H) \geq \pi(0) \quad (IR')$$

$$V_{LH}(w_H, L_H, p_{eH}; \alpha_L) \leq \prod_{mL}^{DF*} \quad (IC')$$

其中，(IR') 为零售商的参与约束，(IC') 是双渠道模式下制造商的激励约束。$\prod_{mL}^{DF*}$ 为低类型制造商选择低类型合约时获得的利润，也即低类型制造商在完全信息条件下获得的利润。此时，只有当高类型制造商取定的 $(w_H^{DA}, L_H^{DA}, p_{eH}^{DA})$ 使得低类型伪装的收益 $V_{LH}(w_H, L_H, p_{eH}; \alpha_L)$ 小于不伪装的收益 $\prod_{mL}^{DF*}$ 时，才能成功与低类型分离开来。

与前文类似，当市场环境满足一定条件时，如果低类型制造商选择完全信息时高类型合约 $(w_H^{DF*}, L_H^{DF*}, p_{eH}^{DF*})$ 并不能带来额外收益，即

$$V_{LH}(w_H^{DF*}, L_H^{DF*}, p_{eH}^{DF*}; \alpha_L) < \prod_{mL}^{DF*}$$

低类型制造商就没有动机进行伪装，高类型制造商可以通过完全信息条件下的定价策略就可以实现分离，相反则须调整完全信息条件下的最优策略为 $(w_H^{DA}, L_H^{DA}, p_{eH}^{DA})$。综合以上，可以对问题 (P'_2) 求解，由此可以得到双渠道模式下制造商的信号传递决策，如定理 5-4 所示。

定理 5-4 信息非对称条件下，当且仅当 $\alpha_L \in (\alpha_L^{DA}, \alpha^H)$ 时，双渠道中制造商会选择更高的批发价定价策略以及网络渠道定价策略实现信号传递；否则制造商选择信息完全时的批发价 w_H^{DF*} 及网店定价 p_{eH}^{DF*} 就可以实现自然分离，即

$$w_H^{DA*} = \begin{cases} \overbrace{w_H^{SF*} + \underbrace{N^w}_{\text{渠道竞争效应}} + \underbrace{E^{Dw}}_{\text{信息非对称效应}}}^{w_H^{DF*}} & \text{if } a_L \in (a_L^{DA}, a^H) \\ w_H^{DF*} & \text{if otherwise} \end{cases}$$

其中，

$$N^w = -\frac{\alpha_H r(\phi^4 - \lambda)[\lambda(\phi^2-1)+\phi^4+r(4-7\phi^2+4\phi^4)]}{2[\lambda(\phi^2-1)+\phi^4][\lambda(1-\phi^2)(1-r^2)-\phi^4(1-2r^2)]}$$

$$a_L^{DA} = -\frac{\alpha_H[-\phi^2(3+2\phi^2)-2r(\phi^4-\lambda)+r^2(-8+5\phi^2+4\phi^4)]}{8-13\phi^2+6\phi^4+r^2\phi^2(-1+2\phi^2)+2r(4-7\phi^2+4\phi^4)}$$

记 $\tilde{w}^D = w_H^{SF*} + N^w + E^{Dw}$，由定理 5-4 可以发现，当 $\alpha_L \in (\alpha_L^{DA}, \alpha^H)$ 时，制造商采用的批发价定价策略为 $\tilde{w}^D$。与引理 5-3 中渠道需求一样，$\tilde{w}^D$ 中包含了两种效应："渠道竞争效应" N^w 和 "信息非对称效应" E^{Dw}①。由于 N^w 和 E^{Dw} 都是大于零的，所以引入渠道竞争和非对称信息对制造商的批发价定价策略带来的影响都是正向的。因此，双渠道模式下，高类型制造商在特定条件下（$\alpha_L \in (\alpha_L^{DA}, \alpha^H)$）仍然要通过向上扭曲批发价来实现信号传递，并且支付给零售商更低的入场费（即 $L(w_H^{DA*}, p_{eH}^{DA*}) < L_H^{DF*}$，将 w_H^{DA*} 和 p_{eH}^{DA*} 代入式（5-11）可得 $L(w_H^{DA*}, p_{eH}^{DA*})$)，否则，制造商同样可以通过采用完全信息条件下的定价决策实现自然分离。不同的是，增加网络直销渠道后，网店的定价也被作为"高类型"信号传递给零售商。零售商观察到制造商在网店制定的是高定价，便会认为制造商的产品为高需求类型。但渠道入侵到底对制造商信号传递以及制造商和零售商双方的收益带来怎样的影响，本章将在第 5.6 节中对单双渠道模式下的信号传递模型进行对比。

5.6　单双渠道信号传递模型对比

前文分别对单渠道、双渠道模式下制造商的信号传递模型进行了分析。通过分析发现，相对于信息对称时的情况，信息不完全条件下，高类型制造商为了实现信号传递，都需要向上扭曲批发价，并减少对零售商支付的入场费。本节对两种模型中的批发价、利润、信号传递成本等进行对比，以分析引入渠道竞争对信号传递的影响。

5.6.1　引入渠道竞争对信号传递变量的影响

由上文所述，在两种渠道模式下，由于缺乏直接的可信赖的信息传递途径，

---

① 由于表达式复杂，双渠道模式下的信号传递因子 E^{Dw} 文中不列出，可由 $\tilde{w}^D - w_H^{DF*}$ 求得。

制造商间接地通过信号传递变量（批发价）向零售商传递市场的信息。通过对比完全信息条件下单一渠道和双渠道模式的最优批发价 w_H^{SF*} 和 w_H^{DF*} 以及不完全信息条件下双渠道模式的最优批发价 w_H^{DA*} [1]，可以得到推论5-1。

推论5-1 制造商可以通过引入网络直销渠道向零售商收取更高的批发价，即 $w_H^{DF*}>w_H^{SF*}$，$w_H^{DA*}>w_H^{SF*}$；且渠道竞争越激烈，制造商议价能力越高，"渠道竞争效应"越强，即 $\partial N^w/\partial r>0$。

图5-3显示了增加网络直销渠道后批发价的变化，以及信息非对称对批发价带来的影响。渠道入侵后，制造商可以向零售商索取更高的批发价，且这种差距 N^w 会随着渠道间竞争强度的增加而扩大，即前文分析的"渠道竞争效应"。也就是说，渠道间竞争越激烈时（r 越大），制造商的议价能力越高，N^w 也就更加明显，因此制造商可以根据市场情况进行渠道模式决策。当市场竞争较为激烈时，引入网络直销渠道是非常有利的。信息非对称条件下的双渠道模式中，根据定理5-4，当 $\alpha_L \in (\alpha_L^{DA}, \alpha^H)$ 时，高类型制造商为了信号传递会向上扭曲批发价（即 $w_H^{DA}>w_H^{DF*}$），图中的阴影部分即为"信息非对称效应" E^{Dw}。而当 $\alpha_L \in (0, \alpha_L^{DA})$ 时，制造商采用信息对称时的批发价 w_H^{DF*} 即可实现自然分离，此时"信息非对称效应"为0，图中 $\tilde{w}^D$ 和 w_H^{DF*} 两条线重合。

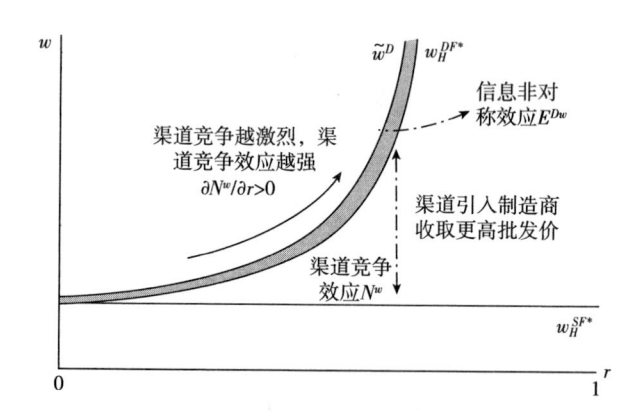

图5-3 单双渠道模式下批发价对比（$a_H=5$，$a_L=4$，$\phi=2.5$）

---

[1] 由于信号传递主要是由高类型制造商引起的，因此本节主要探讨的是高类型制造商的批发价（即 w_H）的变化。

5.6.2 引入渠道竞争对需要信号传递范围的影响

那么引入网络直销渠道到底能否改善高类型制造商信号传递的境况？由前文分析可知，在某些条件下，制造商并不需要进行信号传递也可以实现成功分离。从制造商的角度，如果引入直销渠道以后，需要通过批发价扭曲来实现信号传递的参数范围变小的话，可以一定程度上减少其信息租金。本小节将从需要信号传递的区间和趋势两个角度分析需要信号传递范围的变化。

在分析前先做一个简单的转化。由定理5-2和定理5-4可知，单渠道和双渠道模式下，制造商信号传递时批发价发生向上扭曲的范围分别为 $\alpha_L \in (\alpha_L^{SA}, \alpha^H)$ 和 $\alpha_L \in (\alpha_L^{DA}, \alpha^H)$。又由于 $\alpha_L \in (0, \alpha_H)$，则单渠道模式下批发价发生扭曲的范围可以用变量 $p^{SA}=(\alpha_H-\alpha_L^{SA})/\alpha_H$ 来表征，批发价发生扭曲的范围 $(\alpha_L^{SA}, \alpha^H)$ 越大，则 p^{SA} 越大。同理可得双渠道模式下批发价发生扭曲的概率为 $p^{DA}=(\alpha_H-\alpha_L^{DA})/\alpha_H$。推论5-2给出了渠道引入需要信号传递的区间的影响。

推论 5-2 非对称信息条件下，当 $r<\hat{r}$ 且 $\phi>\sqrt{2+\sqrt{2}}$（$\phi\neq 2$）时，增设网络直销渠道可以减小需要信号传递的概率（$p^{DA}<p^{SA}$），即更容易实现自然分离，其中：

$$\hat{r}=\frac{2-4\phi^2+\phi^4}{-2+2\phi^2+\phi^4}$$

图5-4和表5-1的算例清楚地反映了高类型制造商在不同市场状态下的信号传递策略。当满足 $r<\hat{r}$ 且 $\phi>\sqrt{2+\sqrt{2}}$（$\phi\neq 2$）时（见图5-4(a)），信号传递时单渠道批发价扭曲的概率大于双渠道批发价扭曲的概率（$p^{SA}>p^{DA}$），即渠道间竞争强度较弱且零售商提供的体验服务对需求影响较大时，高类型制造商通过引入网络直销渠道可以在一定程度上减少需要向上扭曲批发价的区间，也就是说，其更有可能通过完全信息条件下的批发价定价策略实现信号传递，即自然分离。相反，当 $r>\hat{r}$ 且 $\phi<\sqrt{2+\sqrt{2}}$（$\phi\neq 2$）时（见图5-4(b)），渠道入侵后自然分离更难实现。

又由 $\partial a_L^{SA}/\partial\phi<0$ 和 $\partial a_L^{DA}/\partial\phi<0$ 易得 $\partial p^{SA}/\partial\phi>0$ 及 $\partial p^{DA}/\partial\phi>0$，即不论何种渠道模式下，$\phi$ 越大，a_L^{SA} 和 a_L^{DA} 都会变小，表现为图5-4中点 a_L^{DA} 和点 a_L^{SA} 向左移动，

从而批发价(网店定价)发生扭曲的区间变大。也就是说,需求对零售商提供的体验服务的敏感程度越高,制造商在进行信号传递时越难实现自然分离,要更多地采用对批发价(网店定价)扭曲的策略来实现信号传递。这是因为当需求对零售商提供的体验服务较为敏感时,根据 $q_d = \alpha_i - p_d + \phi\sqrt{s} + \varepsilon$,零售商提供同等的服务时,会使需求增加得更多。此时,高类型制造商为了提升需求,其向零售商传递自己的产品是高需求潜力的意愿更强烈,因为零售商对高需求潜力的产品会提供更多的服务($s(\alpha_H) > s(\alpha_L)$),进而获得更好的销量。类似地,当 r 增大时,图中点 α_L^{DA} 向左移动,而点 α_L^{SA} 不变。也即双渠道模式下,渠道间竞争强度越大,制造商信号传递时批发价、网店定价发生向上扭曲概率越高,或者说自然分离越难实现。

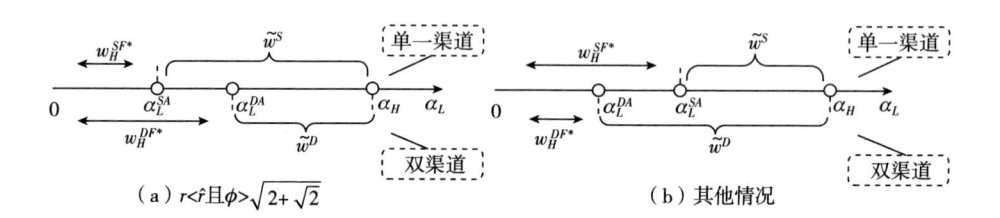

图 5-4 单双渠道中制造商信号传递策略对比

表 5-1 制造商批发价信号传递策略($\alpha_H = 15$, $\alpha_L = 10$, $\phi = 2.5$)

r	α_L^{SA}	α_L^{DA}	w_H^{SF*}	$\tilde{w}^S$	w_H^{DF*}	$\tilde{w}^D$
0.1	6.2585	8.2997	7.67813	12.303	12.1962	12.7622
0.3	6.2585	6.49328	7.67813	12.303	14.7834	15.9525
0.5	6.2585	4.50682	7.67813	12.303	21.9469	24.9604
0.7	6.2585	2.52296	7.67813	12.303	85.4355	105.659

5.6.3 引入渠道竞争对信号传递成本的影响

引入渠道竞争不仅可以缩小制造商需求信号传递时定价扭曲的范围,也会对其信号传递时支付的成本带来影响。令 c^{SA} 和 c^{DA} 分别表示单一渠道和双渠道模式下制造商信号传递的成本,即完全信息条件下制造商获得的利润与非对称信息条件下获得利润的差值,$c^{SA} = \Pi_m^{SF}(w_H^{SF*}) - \Pi_m^{SA}(w_H^{SA*})$,$c^{DA} = \Pi_m^{DF}(w_H^{DF*}, p_{eH}^{DF*}) - \Pi_m^{DA}(w_H^{DA*}, p_{eH}^{DA*})$。下面从策略扭曲范围和市场波动性两个角度来分析引入渠道竞争对信号传递成本的影响。

前文指出,单渠道(双渠道)模式下,当 $\alpha_L \in (\alpha_L^{SA}, \alpha_H)$($\alpha_L \in (\alpha_L^{DA}, \alpha_H)$)时,制造商必须通过向上扭曲批发价才能实现有效的信号传递。而推论 5-2 又提到,当满足 $r < \hat{r}$ 且 $\phi > \sqrt{2+\sqrt{2}}$($\phi \neq 2$)时,制造商可以通过引入渠道竞争降低批发价扭曲的概率,推论 5-3 在此基础上,进一步分析了引入渠道竞争对信号传递成本的影响。

推论 5-3 当 $\alpha_L \in (\alpha_L^{SA}, \alpha_L^*)$ 时,引入渠道竞争会降低制造商信号传递的成本($c^{SA} > c^{DA}$),其中:α_L^* 是 $c^{SA} = c^{DA}$ 的解,且 $\alpha_L^* \neq \alpha_H$。

图 5-5 显示了引入渠道竞争前后,制造商信号传递成本变化情况。自然分离时,制造商无须支付信号传递成本($c^{SA} = \Pi_m^{SF}(w_H^{SF*}) - \Pi_m^{SA}(w_H^{SF*}) = 0$),只有当批发价向上扭曲时,制造商的利润会向下扭曲,才会产生正的信号传递成本($c^{SA} = \Pi_m^{SF}(w_H^{SF*}) - \Pi_m^{SA}(\tilde{w}^S) > 0$)。因此有:

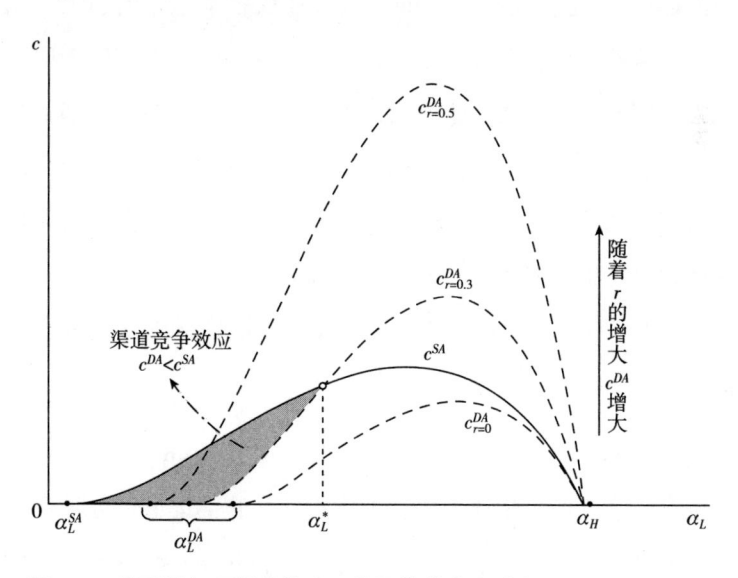

图 5-5 单渠道与双渠道模式下信号传递成本对比($\alpha_H = 15$,$\phi = 8$)

$$c^{SA} = \begin{cases} \Pi_m^{SF}(w_H^{SF*}) - \Pi_m^{SA}(\widetilde{w}^S) & if\ \alpha_L \in (\alpha_L^{SA}, \alpha_H) \\ 0 & if\ otherwise \end{cases}$$

同理可得：

$$c^{DA} = \begin{cases} \Pi_m^{DF}(w_H^{DF*}) - \Pi_m^{DA}(\widetilde{w}^D) & if\ \alpha_L \in (\alpha_L^{DA}, \alpha_H) \\ 0 & if\ otherwise \end{cases}$$

①当 $\alpha_L < \alpha_L^{SA}$ 时，单渠道模式下，制造商可以选择完全信息条件时的批发价 w_H^{SF*} 实现信号传递，因此利润不发生扭曲，$c^{SA}=0$，同理，增加渠道后的信号传递成本 $c^{DA}=0$。②而当 $\alpha_L \in (\alpha_L^{SA}, \alpha_L^{DA})$ 时，单渠道模式下制造商必须通过选择向上扭曲批发价 $\widetilde{w}^S$ 实现信号传递，此时 $c^{SA}>0$，但通过增设网络直销渠道，制造商采用完全信息条件下的批发价 w_H^{DF*} 就可实现自然分离，此时 $c^{DA}=0$，因此在 $\alpha_L \in (\alpha_L^{SA}, \alpha_L^{DA})$ 上，增加网络直销渠道可以完全消除信号传递成本。③当 $\alpha_L \in (\alpha_L^{DA}, \alpha_L^*)$ 时（$\underline{a}^*$ 是 $c^{SA}=c^{DA}$ 的解，且 $\alpha_L^* \neq \alpha_H$），$c^{SA}>c^{DA}$，即增加网络直销渠道可以在一定程度上降低信号传递成本，这部分成本的降低是由渠道竞争效应引起的，如图 5-5 中阴影部分所示。可以发现，随着渠道间竞争激烈程度增加（r 增大），双渠道模式中制造商需要支付的信号传递成本是上升的（即 c^{DA} 增加），那么相应的渠道竞争效应有所下降。这是因为制造商的收益由实体渠道和网络渠道两部分构成，一方面当渠道间竞争较为激烈时，两个渠道的利润都会在一定程度上由于竞争而受到损害；另一方面，制造商为了实现信号传递，需要向上扭曲网店定价 p_e，从而无法实现完全信息时的最优利润。这两个方面都会使得制造商收益下降，因此相对于单渠道模式，此时制造商通过改变渠道模式并不能有效实现降低信号传递成本。④当 $\alpha_L > \alpha_L^*$ 时，渠道入侵会导致制造商支付更高的信号传递成本，即 $c^{SA}<c^{DA}$。

因此，当满足 $r<\hat{r}$ 且 $\phi > \sqrt{2+\sqrt{2}}$（$\phi \neq 2$）时，如果 $\alpha_L < \alpha_L^*$，高类型制造商可以通过渠道入侵实现降低信号传递成本，即增设网络直销渠道是可取且有利的。

进一步将单渠道模式中批发价发生扭曲的范围 $\alpha_L^{SA}<\alpha_L<\alpha_H$ 两边同时除以 α_L 可以得到用 α_H/α_L 表示的范围，我们将其定义为产品需求波动性。α_H/α_L

越小，产品需求波动性越小，高类型制造商和低类型制造商生产的产品需求潜力越相近，反之亦然。同理，对双渠道模式中批发价发生扭曲的范围也做相同的处理。由于 $\alpha_L<\alpha_H$，易得 $\alpha_H/\alpha_L>1$。因此，从产品需求波动的角度考虑信号传递决策时，制造商在产品需求波动性较大（α_H/α_L 较大）时引入网络直销渠道对信号传递更有利，可以在一定程度上降低信号传递成本，甚至实现自然分离。

5.7 本章小结

本章通过对比事前信息非对称条件下单渠道模式及双渠道模式中制造商的信号传递策略，考察了增设网络直销渠道对制造商信号传递策略的影响。主要结论如下：①完全信息条件下，增设网络直销渠道可以提升制造商的议价能力，即"渠道竞争效应"使制造商获利，这与以往文献结论相符；②信息非对称的两种模式下，制造商都需要通过向上扭曲批发价、降低支付给零售商的入场费来进行信号传递，同时零售商会减少附加值服务的提供；③双渠道模式中网店产品定价也要作为信号标志进行传递，且发生向上扭曲；④满足一定条件时，制造商可以通过引入网络直销渠道降低批发价向上扭曲的概率（即更容易实现自然分离），并减少信号传递成本，本章称为"信息非对称效应"；⑤产品需求波动性、需求对零售商提供附加服务的敏感性以及渠道间竞争强度都将在一定程度上影响引入渠道竞争的效果：当产品需求波动性越大、需求对零售商提供附加服务敏感性越低或渠道间竞争强度越温和时，制造商通过增设网络直销渠道进行信号传递将更加有利。因此，对制造商而言，增设网络直销渠道可以从增加议价能力以及一定程度上降低信号传递成本两方面使其有利且可图。

本章为制造商应对事前信息非对称进行信号传递时所面临的决策问题补充了

理论依据和实践启示，并且将引入渠道竞争、零售商服务、渠道间竞争强度等因素纳入考虑，使供应链的信号传递研究更加丰富。不失一般性，可以放松零售商在不同状态下（与高类型和低类型制造商合作）保留效用相同的假设，进一步完善对下游零售商的描述，是值得进一步拓展的研究方向。

第6章 事后信息非对称静态博弈
——道德风险

6.1 引言

本书前几章主要针对双渠道供应链中发生事前信息非对称——逆向选择问题时制造商的激励策略进行研究。但在供应链实践中，还有可能发生事后信息非对称——道德风险问题。因此，本章将主要考察制造商面对道德风险问题时的激励策略。

前文多次提到，越来越多的制造商或零售商为了满足更多消费者的需要和市场发展的需求，纷纷加入双渠道运营中。实体店和网店由于依托媒介不同所以具有不同的特点，可以满足供应链不同的发展需要。网店具有运营成本低、辐射范围广等特点，且随着信息技术的发展，网店可以通过 IP 地址、用户登录等信息收集客户信息、识别不同客户群体[5]。与网店相比，实体店在提供体验性服务方面更具优势。实体店可以通过产品展示、派送样品，让消费者试穿、试用等方式提供体验性服务，向消费者传递产品信息。实体店提供的这种体验性服务往往可以称为信息披露服务（Information Disclosure Service）[3,6]。信息披露可以让消费者更了解产品性能和质量情况,并帮助消费者做出更合理的购买决策。所以信息披露可以在一定程度上消除消费者与产品销售方之间的信息非对称,并提升消费者的购买意愿。虽然网店可以通过展示产品介绍以及用户评价等方式进行信息披露[110,111],但对于体验性产品(如化妆品、服装等)来说,网店的信息披露效果要弱于实体店。而当今的消费者越来越注重产品体验,这使得消费者在渠道选择上也会纳入对体验性的考虑。正因为消费者这一特质的出现,许多厂商允许消费者在实体店体验后在网店下单,即网店可以对实体店的体验服务"搭便车"[4,23],这在一定程度上对实体店的利益造成一定损失。因此实体、网络渠道提供体验性服务能力的差异以及"搭便车"现象的存在导致渠道间的竞争进一步升级。

此外,对于仅拥有网店而没有实体店的制造商来说,零售商提供的体验服务对于制造商的产品推广和销售是非常有利的。但提供体验服务往往需要花费一定的成本,所以制造商可能为了提高产品的销量而愿意向零售商提供一定的服务补偿,鼓励其向消费者提供优质的体验服务。但在供应链中,除消费者与产品卖方之间的信息非对称外,制造商和零售商之间也存在信息非对称。在零售商与制造商签订合约后,或收取服务补偿后,零售商有可能在提供体验服务时"消极怠工",如产品展示不足,样品派发不够等,从而导致供应链中产生道德风险(Moral Hazard)[12]问题。

因此,在消费者看重产品体验的市场背景下,网店又可以对实体店的体验服务"搭便车"时,双渠道供应链中的制造商应该制定怎样的合约激励零售商努力提供体验服务?信息非对称条件下制造商和零售商的博弈决策与完全信息条件下的决策是否不同?当零售商承担有限责任时,激励合约会有何不同?"搭便车"效应以及注重实体店体验的消费者比重会对制造商的激励措施带来怎样的影响?这些都是本章希望回答的问题。

本章通过构建一个双渠道供应链博弈模型,分析制造商和零售商在完全信息和道德风险两种模式下的定价决策及制造商的激励决策。本章研究发现,存在道德风险且网店可以对零售商提供的体验服务"搭便车"时,如果零售商的外部性资产水平足够高,制造商仍可以采用最优决策中的服务补偿,否则在消费者体验效用为低时其收取的罚金需要向下扭曲。"搭便车"效应对制造商激励决策的影响会随着消费者注重体验的比重变化而不同。

6.2 相关研究综述

本章内容主要涉及"搭便车"和道德风险两个方面的文献。

有关"搭便车"方面的文献主要研究了供应链中"搭便车"行为对供应链整体收益、定价决策、渠道选择决策以及信息披露条件等方面的影响。例如，Guo[3] 分析了单渠道供应链中信息披露的两种模式，并从"搭便车"的角度分析了两种模式披露条件不同的原因。梁喜和张典[112] 研究了多渠道供应链中消费者"搭便车"行为对渠道定价和零售商促销决策的影响。研究发现，消费者"搭便车"行为对制造商有利，对双渠道零售商不利。相反，张国兴和方帅[113] 认为实体店可以对线上网店的提供的信息服务进行"搭便车"，这种信息服务的溢出效应会对双渠道均衡造成影响。徐兵和刘露[114] 则研究了电子商务零售商入侵供应链后，对传统零售商的信息服务"搭便车"，有利于提高产品的正品率。类似地，罗美玲等[115] 也从信息服务角度分析了双渠道供应链中信息服务的双向"搭便车"行为对供应链成员的决策和收益影响。Chen 和 Chen[116] 研究了策略型消费者可以对实体零售商的服务"搭便车"时，实体零售商面对线上零售商竞争时的价格策略。Zhou 等[98] 在双渠道供应链框架下，研究了"搭便车"对服务成本共担合约下制造商和零售商在定价策略的影响。研究发现，在区别定价模式下，服务成本共担合约可以有效鼓励零售商在存在"搭便车"的情况下提升服务水平。Chiu 等[117] 将消费者在实体店获取信息后在网店购买的行为定义为跨渠道"搭便车"行为。通过实证研究发现竞争对手线下商店的感知服务质量和实体渠道的风险降低会增加跨渠道"搭便车"的意愿。曹裕等[118] 则分析了"搭便车"行为对制造商和零售商订货量的影响，研究发现，零售商的最优订货量随"搭便车"行为的增加而减少,且"搭便车"行为会降低零售商促销努力的水平。孟卫东等[119]构造了供应链联合促销的相互激励模型,考察了是否存在最优线性合约,以减弱供应商和销售商双方的"搭便车"行为倾向。不同于前位学者的研究,丁正平和刘业政[23]研究了双渠道供应链中的"搭便车"问题,通过建立模型分析了存在"搭便车"问题时供应链整体利润最大化的双渠道定价策略。罗美玲等[115]和刘家国等[120]则侧重于研究双渠道环境下,"搭便车"如何影响制造商的渠道选择决策。刘家国等[120]还发现,当"搭便车"系数增加到一个足够大的值时,其对供应链整体可能会产生正向作用。

目前学者对于供应链中道德风险的研究多集中于对单渠道供应链中的单边道德风险以及双边道德风险问题的研究。在一篇较为经典的文献中,Balachandran 和 Radhakrishnan[121]研究了供应商和制造商之间的单边、双边道德风险问题。制造商和零售商签订产品缺陷惩罚合约,当制造商不了解供应商提供配件的质量时,供应链中存在单边道德风险问题。如果供应商同时也不了解制造商的生产合格率,则会出现双边道德风险问题。研究发现,当惩罚合约依托售后产品问题发生率制定时,单边道德风险下第一最优质量可以实现,但在双边道德风险下,只有供应商不用为制造商的失误担责时,第一最优质量才可以实现。类似地,在另一篇文献中,Corbett等[75]也研究了供应链中供应商和买方之间的双边道德风险问题,其利用线性努力成本方程设计最优收益共享契约,研究发现,供应商总可以通过线性收益共享契约实现第二最优均衡。张红霞[122]则运用委托代理理论,在存在双边道德风险的食品供应链中分析质量控制成本和外部市场条件对三种不同契约的影响。Zhou 等[76]考虑了消费者学习条件下单渠道供应链的双边道德风险问题。研究发现,消费者学习使制造商和零售商会付出更多的营销努力,但当消费者对产品有更深的了解后,这种努力会有所下降。不同于以上学者,张建军等[78]则通过构建单边道德风险框架,研究易逝品供应链中制造商声誉的演化过程,并将博弈周期扩展至长期。Xu 等[123]研究了消费者在退货过程中出现单边道德风险问题时的供应链协调问题。王文利和郭娜[124]则在单边道德风险框架下,研究了农产品市场批发价不确定、农户存在道德风险时,农业供应链的融资策略。Laffont 和 Martimort[12]的委托代理理论中，研究了代理人风险中性、代理人风险规避时的道德风险模型，以及多周期博弈的情况。研究发现，当代理人是风险中性时，完全信息条件下的决策也可以实施，但如果考虑代理人有限责任时，当代理人的资产不足以支付惩罚时，转移支付将扭曲至与资产相等的水平。

以上文献虽然对供应链中单边和双边的道德风险的相关问题都有所探讨和研究，但已有研究大多侧重于单渠道供应链框架下的道德风险问题，且多针对不同契约下的激励机制设计。但在供应链管理实践中，单渠道供应链的渠道模式不足以应对当前多样性的消费者群体和变化快速的市场需求。当制造商和零售商处于更加复杂的双渠道供应链中时，特别当消费者注重产品带来的体验且网店可以对实体店的服务"搭便车"时，制造商和零售商在应对道德风险问题时将受到更多因素的影响，进而对供应链成员的定价决策和收益带来影响。因此，本章在现有文献的基础上，以一个含有网络直销渠道的制造商和传统零售商构成的双渠道供应链为研究框架，考虑消费者对体验服务有不同需求时，制造商应对来自零售商的道德风险问题时的激励决策。

6.3 模型构建

本章考虑一个含有网络直销渠道的制造商和一个传统零售商构成的二级供应链模型（见图6-1）。上游制造商以批发价 w 将产品（服务）分销给零售商，再由零售商销售给消费者。制造商也可以通过网络直销渠道直接将产品（服务）销售给消费者。为了简化分析，制造商的生产成本标准化为0。虽然实体店和网店都可以通过一定的方式披露产品信息，但网店和实体店的披露能力是存在差异的[125-127]。实体店可以通过试用、试穿、现场展示等方式更好地提供体验性服务。因此，本章假设只有实体店有能力向消费者提供体验性服务，网店则无法提供。根据 Hotelling 模型，消费者均匀地分布在长度为1的线段上，实体店 r 位于终点 0，网店 e 位于终点 1。消费者通过享受零售商提供的体验服务获得的效用 $\tilde{s}$ 有高低两种类型，$\tilde{s} \in \{s^H, s^L\}$。消费者既可以从实体店以价格 p_r 直接体验并购买产品，也可以在实体店体验后以价格 p_e 从网店购买，即网店可以对实体店提供的体验服务进行"搭便车"[4,23]，本章用 $\sigma\tilde{s}$ 表示网店购物的消费者通过"搭便车"获得的体验服务效用，其中 $\sigma<1$[4,9]。因此，一个位于 x 的消费者从实体店购买产品可以获得的消费者剩余为 $v-x-p_r+\tilde{s}$，从网店购买产品可以获得的消费者剩余为 $v-(1-x)-p_e+\sigma\tilde{s}$，其中 v 表示消费者对产品的价值评价。消费者需要通过权衡其在不同渠道消费所获得的效用做出购买决策。

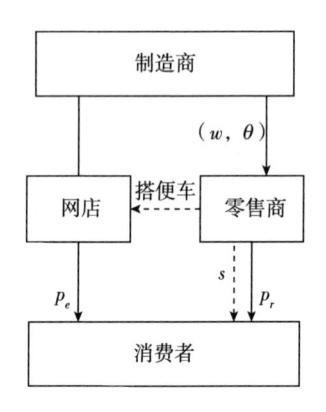

图 6-1 模型示意图

零售商提供的体验服务在一定程度上可以提升需求，网店虽然不能提供体验服务，但其可以通过"搭便车"同样实现需求提升。因此，制造商会向零售商提供合约 (w^S, θ^S) 进行合作，其中上角标 "S" 表示实现的体验服务类型，$S \in \{H, L\}$。θ^S 为制造商对零售商提供体验服务的补偿。当消费者获得的体验服务效用为高类型时，零售商获得的补偿为 θ^H，反之亦然。零售商提供体验服务时可能努力（$E=1$）或者不努力（$E=0$），努力时零售商需要投入更多的成本 δ。零售商努力程度与对消费者体验效用的影响为：不努力但实现高体验的概率为 $P(\tilde{s}=s^H \mid E=0)=\rho_0$；努力但实现高体验的概率为 $P(\tilde{s}=s^H \mid E=1)=\rho_1$，其中 $\rho_1>\rho_0$，即当零售商在提供体验服务时付出更多努力时，消费者获得高效用服务体验的可能性更高。制造商只能观察到消费者获得的服务效用 $\tilde{s}$，且了解零售商努力(不努力)时实现高体验效用的概率，但其无法直接判断零售商是否付出努力，即供应链中存在道德风险。因此，本章研究存在道德风险的双渠道供应链中制造商如何制定合约 (w^s, θ^s) 以激励零售商努力提供体验服务。

该模型的博弈时序为：①制造商制定合约 (w^s, θ^s)；②零售商决定是否接受合约；③零售商选择提供体验服务时努力或不努力 ($E \in \{0, 1\}$)；④制造商零售商共同决策网店和实体店的零售价格 p_e^S 和 p_r^S；⑤消费者选择购买渠道，体验服务或直接购买，需求实现(见图6-2)。

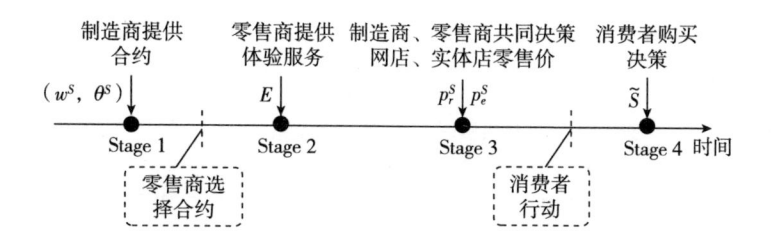

图 6-2　博弈时序

下文将利用逆向归纳法分别对完全信息条件和道德风险两种模式下制造商和零售商的决策进行分析。

6.4　需求与定价分析

6.4.1　终端需求

实体店可以向消费者展示产品细节，提供体验、试用等服务，使消费者更加了解产品性能，而网店在这方面则略显劣势。因此，实体店的这种信息披露行为会对消费者的购买决策造成影响，进而影响渠道间的需求分布。现实中，有些消费者偏向于先体验后购买，而有些消费者则更加偏好于"网购"，即不体验直接购买。本章假设有 α 比例的消费者看重实体体验，有 $1-\alpha$ 比例的消费者不体验直接选择购买渠道。前者会在购买前先前往实体店体验服务，在权衡两个渠道购买所获得的效用之后再做出购买决策。由此，由 $v-x-p_r^S+\tilde{s}=v-(1-x)-p_e^S+\sigma\tilde{s}$ 可得这部分消费在网店和实体店购买的无差异点为 $\hat{x}_s=\frac{1}{2}(1+p_e^S-p_r^S+\tilde{s}(1-\sigma))$。因此，处于 $[0,\hat{x}_s]$ 的消费者在体验后会选择直接在实体店购买；而位于 $(\hat{x}_s,1]$ 的消费者会选择在网上下单购买（见图6-3）。实体店面临的这部分消费者的需求为 $\alpha\hat{x}_s$。

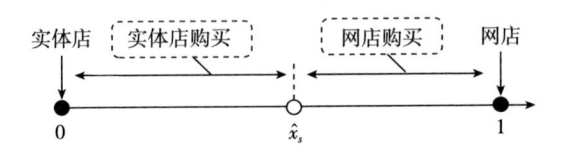

图 6-3　注重实体体验的消费者购买决策

类似地，对体验服务不敏感的消费者由于不进行体验而直接选择购买渠道，因此其所获得的消费者剩余不包含体验服务带来的效用 $\tilde{s}$，通过权衡实体店、网店直接购买所能获得的消费者剩余 $v-x-p_r^S=v-(1-x)-p_e^S$，可以得到购买无差异点为 $\hat{x}_n=\frac{1}{2}(1+p_e^S-p_r^S)$。此时实体店面临的这部分消费者的需求为 $(1-\alpha)\hat{x}_n$。所以实体店的总期望需求为 $Q_r=\alpha\hat{x}_s+(1-\alpha)\hat{x}_n$，网店面临的需求为 $Q_e=1-Q_r$。将 $\hat{x}_s$ 和 $\hat{x}_n$ 代入可得实体店、网店的最优需求分别为：

$$Q_r^{S*}(p_r^S, p_e^S)=\frac{1}{2}(1+p_e^S-p_r^S+\tilde{s}\alpha(1-\sigma)) \tag{6-1}$$

$$Q_e^{S*}(p_r^S, p_e^S)=\frac{1}{2}(1-p_e^S+p_r^S-\tilde{s}\alpha(1-\sigma)) \tag{6-2}$$

由式(6-1)和式(6-2)易得 $\partial Q_r^{S*}(p_r^S, p_e^S)/\partial \tilde{s}>0$，$\partial Q_e^{S*}(p_r^S, p_e^S)/\partial \tilde{s}<0$。所以，零售商提供的体验服务会提升实体店的需求，并抢夺网店的客户。虽然有部分消费者会选择在实体店体验后在网店下单，即网店可以通过"搭便车"获得一定的需求，但由于"搭便车"系数 $\sigma<1$，网店由于"搭便车"增加的需求将小于实体店由于服务增加的需求，因此零售商为消费者提供体验服务的能力在很大程度上会利于实体店需求的增加，对网店是不利的。

6.4.2 定价决策

通过本章的模型设定，可以得到制造商的利润为 $\prod_M^S = wQ_r^S + p_e^S Q_e^S - \theta^S$，零售商的利润为 $\prod_R^S = (p_r^S - w)Q_r^S + \theta^S$。假设制造商是风险中性偏好，当零售商努力时($E=1$)，制造商的期望利润为：

$$\prod_M(E=1) = \rho_1 \prod_M^H + (1-\rho_1) \prod_M^L \tag{6-3}$$

零售商由于需要付出更大的努力向消费者提供体验服务，其需要承担一定的服务成本 δ，此时零售商的期望利润为：

$$\prod_R(E=1) = \rho_1 \prod_R^H + (1-\rho_1) \prod_R^L - \delta \tag{6-4}$$

当零售商不努力时($E=0$)，零售商无须支付额外成本，此时制造商和零售商的期望利润分别为：

$$\prod_M(E=0) = \rho_0 \prod_M^H + (1-\rho_0) \prod_M^L \tag{6-5}$$

$$\prod_R(E=0) = \rho_0 \prod_R^H + (1-\rho_0) \prod_R^L \tag{6-6}$$

制造商和零售商同时决策网店、实体店零售价。分别对零售商努力和不努力时的利润求最大化，可得实体店和网店的最优定价分别为 $p_r^{S*}(w^S)$ 和 $p_e^{S*}(w^S)$：

$$p_r^{S*}(w^S) = \frac{2}{3}w^S + \frac{1}{3}(3 + s^S \alpha(1-\sigma)) \tag{6-7}$$

$$p_e^{S*}(w^S) = \frac{2}{3}w^S + \frac{1}{3}(3 - s^S \alpha(1-\sigma)) \tag{6-8}$$

6.5 完全信息条件下制造商决策

完全信息条件下，零售商的努力程度可被制造商观察到，即 e 的值为制造商、零售商的共有信息。此时零售商只能努力提供体验服务，否则其"消极怠工"的行为会被制造商知晓，从而受到惩罚。因此，完全信息条件下制造商和零售商的利润只与 $E=1$ 时的利润有关。本章用上角标"F"表示完全信息状态，此时制造商需要解决最优化问题(P)实现利润最大化，并向零售商提供合约(w^{FS*},θ^{FS*})。

$$(P)\max_{(w,\theta)}\prod{}_M(E=1)=\rho_1\prod{}_M^H+(1-\rho_1)\prod{}_M^L$$

$$\text{s. t.} \prod{}_R(E=1)\geqslant 0 \quad (IR)$$

其中，(IR)为零售商的参与约束。完全信息条件下零售商只能获得保留效用，本章假设零售商的保留效用为 0。因此，零售商的参与约束为紧，即 $\prod_R(E=1)=0$，可得：

$$\theta^H=\frac{\delta}{\rho_1}-\frac{1}{18\rho_1}[\rho_1((3+s^H\alpha(1-\sigma)-w^H)^2)+(1-\rho_1)((3+s^L\alpha(1-\sigma)-w^L)^2+18\theta^L)]$$

(6-9)

将 θ^H 代入对最优化问题(P)求解，可以得到完全信息条件下制造商的最优决策(见命题6-1)。

命题 6-1 完全信息条件下，制造商提供给零售商的最优合约为(w^{FS*},θ^{FS*})，其中：

$$w^{FS*}=\frac{1}{2}(9-\alpha s^S(1-\sigma)) \qquad (6-10)$$

$$\theta^{FH*}=\theta^{FL*}=\theta^{F*}$$

$$\theta^{F*}=\delta+\frac{1}{8}\begin{bmatrix}\rho_1 s^H\alpha(1-\sigma)(2-s^H\alpha(1-\sigma))\\+(1-\rho_1)(s^L\alpha(1-\sigma)(2-s^L\alpha(1-\sigma)))-1\end{bmatrix}$$

完全信息条件下，制造商向零售商提供的批发价与消费者获得的体验效用类型相关，但与零售商努力（不努力）时实现高体验效用的概率 $\rho_1(\rho_0)$ 无关。制造商补偿给零售商的服务费用 θ^{FH*} 与 θ^{FL*} 满足 $\rho_1\theta^{FH*}+(1-\rho_1)\theta^{FL*}=\theta^{F*}$ 时，零售商获得保留效用 0，且补偿服务费会覆盖零售商付出的努力成本 δ。不失一般性，可以取 $\theta^{FH*}=\theta^{FL*}=\theta^{F*}$。所以完全信息条件下，只要制造商支付给零售商服务补偿费用为 θ^{F*} 时，制造商都可以实现最优利润。此时制造商的最优利润为：

$$\prod_M^{F*}(e=1)=2-(\rho_1\theta^{FH*}+(1-\rho_1)\theta^{FL*})$$
$$=2-\theta^{F*}$$

通过对比零售商努力和不努力时获得的批发价 w^{FH*} 和 w^{FL*}，可以得到推论 6-1。

推论 6-1 完全信息条件下，零售商只能付诸努力，并获得确定的服务补偿 θ^{F*}，但只有消费者实现高体验效用时，制造商会提供更低的批发价给零售商，反之零售商只能获得较高的批发价，即 $w^{FH*}<w^{FL*}$。

由 $s^H>s^L$ 易得 $w^{FH*}<w^{FL*}$。完全信息条件下，制造商不仅可以观察到消费者实现的体验效用，同时也可以知晓零售商的努力程度。所以，零售商只能付诸努力。但即便零售商在提供体验服务时投入了更多的努力，但消费者获得高体验效用的概率仅为 ρ_1，只有当消费者获得高服务体验时，零售商才能获得较低的批发价。无论消费者获得的体验效用类型如何，零售商都可以获得确定的服务补偿 θ^{F*}。

6.6 道德风险条件下制造商决策

第 6.5 节分析了完全信息条件下制造商的批发价以及服务补偿决策。完全信息条件下，由于制造商可以观察到零售商的努力程度，所以零售商只能选择努力。但当信息不完全时，制造商只能观察到消费者实现的体验效用而无法得知零售商在提供体验服务时是否努力，即有可能存在道德风险问题。此时制造商需要制定合约(w^{MS*}，θ^{MS*})以激励零售商付诸努力。考虑零售商为风险中性偏好且承担有限责任时，存在道德风险时制造商此时需要解决最优化问题(P'):

$$(P') \max_{\{t^H, t^L\}} \prod_M(E=1) = \rho_1 \prod_M^H + (1-\rho_1) \prod_M^L$$

$$\text{s.t.} \prod_R(E=1) \geq \prod_R(E=0) \quad (IC)$$

$$\prod_R(E=1) \geq 0 \quad (IR)$$

$$\prod_R^L \geq -\pi \quad (LL)$$

其中，(IC)为零售商的激励约束，(LL)为有限责任约束，π为零售商的外部性资产水平，$\pi \geq 0$[12]。对最优化问题(P')求解，可以得到道德风险条件下制造商的最优决策，见命题6-2。

命题6-2 存在道德风险时，制造商提供给零售商的最优合约为(w^{MS*}, θ^{MS*})，其中，$w^{MS*} = w^{FS*}$。

当$\pi > \rho_0 \delta/(\rho_1 - \rho_0)$时，

$$\theta^{ML*} = \theta_1^{ML*} = -\frac{\rho_0}{\rho_1 - \rho_0}\delta - \frac{(1-s^L\alpha(1-\sigma))^2}{8}$$

$$\theta^{MH*} = \theta_1^{MH*} = \frac{1-\rho_0}{\rho_1 - \rho_0}\delta - \frac{(1-s^H\alpha(1-\sigma))^2}{8}$$

当$\pi \leq \rho_0 \delta/(\rho_1 - \rho_0)$时，

$$\theta^{ML*} = \theta_2^{ML*} = -\pi - \frac{(1-s^L\alpha(1-\sigma))^2}{8}$$

$$\theta^{MH*} = \theta_2^{MH*} = \frac{\delta + \pi(1-\rho_1)}{\rho_1} - \frac{(1-s^H\alpha(1-\sigma))^2}{8}$$

信息非对称时，制造商无法观察到零售商的努力程度，零售商在签订合约后可能在提供体验服务时不努力，从而产生道德风险。此时，为了避免道德风险的发生，制造商向零售商提供激励合约(w^{MS*}, θ^{MS*})，其中$w^{MS*} = w^{FS*}$，即制造商仍然可以采用完全信息条件下的批发价定价策略。存在道德风险时，制造商的目标函数需要考虑零售商的激励约束(IC)。为了激励零售商努力，需要保证零售商努力时获得的利润至少多于其不努力时获得的利润。因此，由零售商的激励约束为紧得到制造商向零售商提供的服务补偿：当消费者获得高体验效用 s^H 时，制造商会给予零售商补偿服务费用 θ^{MH*}，反之则向零售商提供补偿费用 θ^{ML*}。通过分析可以得到结论 6-1 和结论 6-2。

结论 6-1 存在道德风险时，如果消费者实现高体验效用，零售商会被奖励，即获得正的服务补偿 ($\theta^{MH*}>0$) 和较低的批发价 w^{MH*}，反之会受到惩罚，即获得负的服务补偿 ($\theta^{ML*}<0$) 和较高的批发价 w^{ML*}。

由命题 6-2 可知，信息非对称时，制造商仍然可以采用完全信息时的批发价定价策略。由前文的分析易知，在信息对称和非对称的情况下，制造商的批发价定价策略都只依赖于实现的消费者体验效用 s。存在道德风险时，由于制造商和零售商的信息非对称，制造商无法观察到零售商在提供体验服务时是否努力，但制造商可以通过客户回访等方式了解消费者获得的体验效用。因此，当消费者实现高体验效用时，零售商可以获得正的服务补偿和较低的批发价。努力的零售商有 ρ_1 的可能实现消费者的高体验效用，虽然不努力的零售商也有 ρ_0 的可能可以实现高体验效用。但由于 $\rho_1>\rho_0$，零售商努力时实现高体验效用的概率更高，因此零售商会更倾向于努力提供体验服务，即该批发价定价策略和服务补偿在一定程度上可以激励零售商付出努力。所以，付出努力的零售商更有可能获得更低的批发价和正的服务补偿，由此得到激励提供更多的体验服务。虽然批发价的降低和支付服务补偿会使制造商实体渠道的收益有所损失，但由于网店可以对零售商的服务"搭便车"，一部分消费者会在实体店体验服务后在网上下单，所以制造商的网店需求会增加，进而导致网络渠道的收益会增加，所以制造商仍有意愿花费激励成本鼓励零售商的服务。

结论 6-2 当消费者实现低体验效用且零售商只承担有限责任时：

（1）如果其外部性资产水平足够高，即 $\pi>\rho_0\delta/(\rho_1-\rho_0)$，有限责任约束非紧，零售商需支付的罚金（负的服务补偿）为 θ_1^{ML*}；

（2）如果其外部性资产水平低于一定水平时，即 $\pi\leq\rho_0\delta/(\rho_1-\rho_0)$，制造商可以获得的罚金需扭曲至 θ_2^{ML*}，即 $|\theta_1^{ML*}|\geq|\theta_2^{ML*}|$。

由结论 6-1 可知，当消费者实现低体验效用时，零售商只能获得负的服务补偿，即需要支付罚金。当零售商资产足够多时，制造商仍然可以采用其最优决策中的服务补偿，即向零售商收取 θ_1^{ML*}，此时有限责任约束为松。但如果零售商的资产不足以支付 θ_1^{ML*} 时，即 $\pi \leq \rho_0\delta/(\rho_1-\rho_0)$，有限责任约束为紧，零售商仅需支付罚金 θ_2^{ML*}，即承担有限责任（见图6-4）。

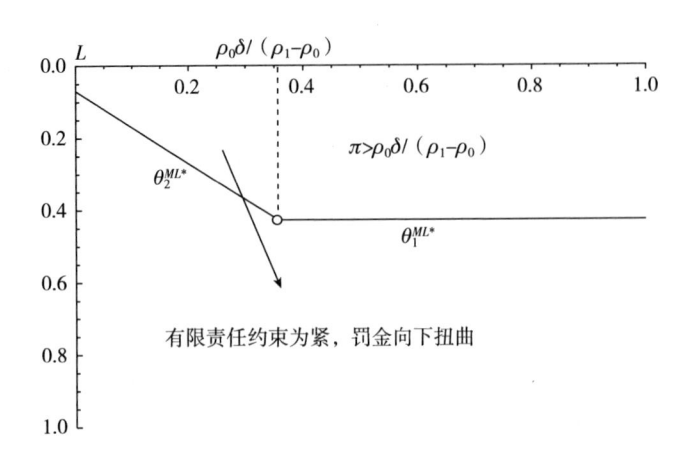

图6-4 道德风险条件下体验效用为低时的服务补偿

由命题6-2可知，完全信息模式和道德风险模式下，制造商可以采用相同的批发价定价策略，将 w^{FS*}（w^{MS*}）代入 $p_r^{S*}(w^S)$ 和 $p_e^{S*}(w^S)$ 后可以得到最终的渠道定价，并得到推论6-2。

推论6-2 网店会对实现高体验效用的消费者给予更低的价格，即 $p_e^{H*} < p_e^{L*}$，而实体店则采用无差别定价，即 $p_r^{H*} = p_r^{L*}$，且实体店价格高于网店价格。

完全信息和道德风险两种模式下，虽然消费者在体验产品（服务）后，可能获得不同的体验效用 s^H 或 s^L，但零售商不会因此而实施差别化定价，即向获得高体验效用的消费者收取更高的费用。但网络渠道存在价格歧视[128,129]。在实体店体验产品获得高体验效用的消费者在网店可以获得更低的价格。与实体店相比，网店在提供体验服务上存在一定的弱势，所以当消费者在实体店获得一个较高的体验时，其很有可能直接选择在实体店消费。因此，网店为了与实体店争夺客户，其愿意向这部分消费者提供一个更低的价格。另外，渠道间定价也存在差异。造成网店、实体店定价差异的原因可能来自两方面：一方面，由于零售商为了提供体验服务，需要花费一定的成本，因此实体店会将一部分的服务成本转嫁到消费者身上，即变相向消费者收取服务费用。而网店却可以通过"搭便车"而直接获得销量的增加，所以实体店更高的销售成本导致了实体店的零售价高于网店。另一方面，网络渠道是制造商的直销渠道，而实体渠道是分销渠道。由批发价带来的双重边际化效应进一步加深了两个渠道价格的分离。

由于网店可以对实体店的体验服务"搭便车"，进而影响网店的需求，因此制造商的服务补偿也会受到"搭便车"系数 σ 以及注重实体体验的消费者比例 α 的影响，见结论6-3。

结论6-3 存在道德风险时，随着网店对实体店体验服务的"搭便车"效应增强（σ 增大）：

（1）当 $0 \leq \alpha < \hat{\alpha}_1 = 1/[s^H(1-\sigma)]$ 时，$\partial \theta^{MS*}/\partial \sigma < 0$，即注重体验的消费者很少时，制造商需要支付的服务补偿（激励成本）减少；

（2）当 $\hat{\alpha}_1 \leq \alpha < \hat{\alpha}_2 = 1/[s^L(1-\sigma)]$ 时，$\partial \theta^{MH*}/\partial \sigma > 0$，$\partial \theta^{ML*}/\partial \sigma < 0$，即制造商需要支付的高类型服务补偿增多，低类型服务补偿减少；

（3）当 $\hat{\alpha}_2 \leq \alpha \leq 1$ 时，$\partial \theta^{MS*}/\partial \sigma > 0$，即注重体验的消费者很多时，制造商需要支付更多的服务补偿（激励成本）规避道德风险。

由结论6-3可知，当消费者注重体验的比例不同时，"搭便车"系数对服务补偿的影响是不同的，如图6-5所示。当 $\hat{\alpha}_2 \leq \alpha \leq 1$ 时，$\partial \theta^{MS*}/\partial \sigma > 0$。注重体验的消费者较多（或消费者更加注重实体体验）时，大部分的消费者会选择先到实体店体验，然后再选择购买渠道，此时网店通过"搭便车"对实体店的影响较大。"搭便车"效应越强，即 σ 越大时，网店由于实体店提供的体验服务增加的需求越多，进而导致制造商的网店收益更多。虽然"搭便车"效应使得网店在一定程度上抢夺了实体店的客户，从而导致制造商实体渠道的收益损失，但由于实体渠道双重边际化效应的存在，实体渠道收益的损失是由制造商和零售商共同承担的，因此此时"搭便车"效应对制造商的总影响是正向的，对零售商是不利的。所以当注重体验的消费者足够多时，零售商能够提供体验服务的能力使其议价能力增强，即零售商可以向制造商索要更高的服务补偿。此外，随着"搭便车"效应的增强，网店可以抢夺更多的客户，零售商提供体验服务的意愿下降，所以制造商需要使用更高的体验服务补偿对零售商进行激励。

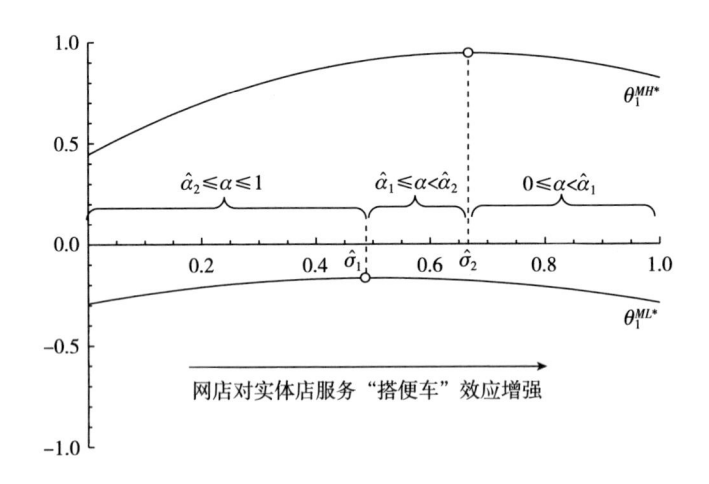

图 6-5 道德风险条件下"搭便车"对服务补偿的影响①

相反，当注重体验的消费者较少时（$0 \leq \alpha < \hat{\alpha}_1$），大部分的消费者都选择不体验而直接购买，此时"搭便车"对实体店的影响较小。随着"搭便车"效应的增强，网店通过"搭便车"抢夺的客户数量有限。另外，由于消费者对体验服务的重视程度较低，制造商激励零售商努力提供服务导致的实体渠道收益的增加也有限，所以此时制造商激励服务的单位成本较高，其愿意支付的激励成本（服务补偿）较少，$\partial \theta^{MS*}/\partial \sigma < 0$。

而当注重实体体验的消费者比例相当时（$\hat{\alpha}_1 \leq \alpha < \hat{\alpha}_2$），随着"搭便车"效应的增强，消费者实现高体验效用时制造商对零售商的服务补偿增多，$\partial \theta^{MH*}/\partial \sigma > 0$，而消费者实现低体验效用时制造商对零售商的服务补偿减少。

从供应链实践来看，大部分消费者对于电子产品（如手机、电脑等）、服

---

① 由于 $\partial \theta_1^{MS*}/\partial \sigma = \partial \theta_2^{MS*}/\partial \sigma$，所以此处只列出 $\partial \theta_1^{MS*}/\partial \sigma$ 的示意图。$\hat{\sigma}_1$ 和 $\hat{\sigma}_2$ 的值见附录。

装、化妆品等具有较高的体验需求。虽然消费者无法在网店进行体验，但可以在实体店体验后再在网店下单。所以当"搭便车"效应越强时，对于这类产品制造商愿意花费更多的成本鼓励零售商提供体验服务，如向零售商支付展位费、提供试用样品、聘请讲解员等，从而带动网店销量。而对于文具、日用品等商品，消费者较少有体验需求，因此这类商品的制造商不太愿意花费成本去鼓励零售商提供展示等体验服务。

6.7 本章小结

本章通过对比信息对称和信息非对称（存在道德风险）时双渠道供应链中制造商和零售商的博弈决策，考察当消费者对产品体验重视程度不同且网店可以对实体店的体验服务"搭便车"时，制造商应对道德风险时的激励策略。得到的主要结论如下：①存在道德风险时，如果消费者实现高体验效用，制造商会提供给零售商正的服务补偿和较低的批发价激励其努力提供体验服务，反之则提供给零售商负的服务补偿和较高的批发价进行惩罚；②完全信息条件下，零售商获得的服务补偿与消费者实现的体验效用类型无关；③当零售商的外部性资产水平足够高时，制造商仍可以采用最优决策中的服务补偿决策，否则制造商在消费者体验效用为低时收取的罚金需要向下扭曲；④道德风险条件下，注重实体体验的消费者比例足够高时，网店对实体店体验服务的"搭便车"效应越强，制造商需要花费更高的服务补偿规避道德风险，反之亦然；⑤网店更倾向于向高体验效用的消费者提供更低的价格以拉拢客户，而实体店则采取统一定价，且实体店定价高于网店定价。

本章为双渠道供应链在面对道德风险时的激励决策的相关问题补充了理论和实践启示，并且将"搭便车"以及消费者对服务体验关注的影响纳入考虑，使信息非对称条件下双渠道供应链激励机制的研究更加丰富。本章只考察了双渠道供应链中制造商与零售商之间存在的单边道德风险问题，零售商提供体验服务的努力程度是影响消费者购买决策的因素之一，但制造商生产的产品质量也是影响需求的重要因素，因为制造商生产的产品质量在一定程度上属于制造商的私有信息，所以制造商一方也有可能发生道德风险问题。因此，增加零售商不了解产品质量的条件，考察双渠道供应链下的双边道德风险问题，是未来值得进一步拓展研究的方向。

第7章 事后信息非对称动态博弈
——道德风险

7.1 引言

目前,由实体渠道和网络渠道相结合的双渠道运营模式越来越受到制造商、零售商以及消费者的青睐[130]。与单渠道供应链相比,双渠道供应链更有利于供应链的可持续发展。一方面,随着信息技术的不断发展,电商平台功能的日益完善,以及手机、平板等载体的不断更新,使网上购物的优势进一步凸显。线上销售既弥补了实体渠道在空间上的限制,在快速将产品、信息传递给消费者的同时,又为销售方带来了一手市场数据收集的便利[5,30,131,132]。例如,亚马逊的网络日志每天可以收集超过30千兆的数据,而世界上最大的商业数据仓库沃尔玛记录了超过100TB的覆盖65周的历史交易数据[133]。因此,许多实体零售商或制造商纷纷在其原有传统渠道基础上开设网店,如 Warmart、苏宁电器、Tesco、Metro、索尼、IBM 等[14,18]。另一方面,实体渠道带给消费者产品直观的视觉冲击以及触觉体验,又是网络渠道所不能替代的。如今的消费者越来越注重对产品的体验,所以,一些原本在电商平台上运营的零售商通过开设实体店来满足消费者的体验需求，如京东、Warby Parker、Fab.com、JD.com 等[14]。因此，在面对当前市场中类型多样、需求多变的消费者，只有同时用有实体、网络双渠道的供应链运营模式，才更能满足当下市场的要求，特别是当消费者对购买渠道有不同的偏好时。

更进一步地，制造商和零售商在推广产品的能力上也是存在差异的。在供应链运营实践中，与零售商相比，制造商离终端市场较远，制造商直接向消费者展示、推广产品相对较难，特别对于没有直营渠道的制造商，或是想要进入一个新的市场的制造商，如向国外地区进行销售时，直接向终端消费者推介产品就更加困难。相反，实体零售商在提供体验性服务上就会更具优势[30,134,135]。在这种情况下，制造商往往会通过与零售商合作，利用零售商提供体验服务的便利来推广产品。零售商提供的体验服务对于制造商的产品推广和销售是非常有利的。零售商在代理销售的过程中，能否向消费者充分讲解产品功能，能否安排足够的展位进行产品展示，能否派发足量的样品到目标客户，等等，这些都在很大程度上会影响制造商产品的推广和销售。但由于制造商和零售商之间的信息存在不对称[71,136,137]，制造商无法准确判断零售商在产品推广中付出的努力。由于提供更多、更好的体验服务需要付出更多的成本，零售商在签订了代理合约后，有可能会"只销不推"，即只进行常规产品销售，而不积极努力地通过提供优质的体验服务来推广产品，从而产生事后信息非对称——道德风险（Moral Hazard）[12]问题。

第 6 章已经针对事后信息非对称静态博弈下双渠道供应链的激励策略——单周期内的道德风险问题进行了研究。但在供应链实践中，制造商和零售商的合作往往是多周期的。道德风险会损害供应链成员的收益，特别在长期运营中，这种影响更加深远。在长期合作中，制造商与零售商之间多周期内的动态博弈会在一定程度上改变信息非对称的程度，进而对双方的决策带来影响。制造商可以根据零售商的前期行为来更新对零售商"诚实度"的信念，并及时调整之后的策略，从而减少信息非对称带来的风险。更进一步地，渠道间的相互影响以及竞争也会对供应链成员的决策以及供应链的发展带来不可忽略的影响。因此，研究多周期动态博弈下双渠道供应链中道德风险的信息激励策略是非常有必要的。

本章通过构建一个双渠道供应链博弈模型，从有限周期博弈出发，探究博弈周期扩展为多周期时，制造商在面对道德风险时的激励策略。通过本章的研究，希望回答以下问题：

（1）制造商在长期博弈中应该如何设计激励合约来应对道德风险？

（2）在长期博弈中，零售商的历史行为会如何影响制造商的合约制定？更进一步地，信息对称和非对称时，这种影响是否相同？

（3）"搭便车"效应如何影响激励合约以及制造商和零售商的相关决策？

为了回答以上问题，本章构建了一个含有线上、线下渠道的双渠道供应链。网店可以对实体店提供的体验性服务"搭便车"。本章首先分析了信息对称的情况，其次研究了存在多周期道德风险的情况。本章研究发现，多周期道德风险博弈中，制造商可以通过向零售商预收"保证金"，下期返还相应效用的方式对零售商进行信息激励，并且可以将风险后移。

7.2 相关研究综述

本章研究主要涉及供应链多周期博弈和道德风险两个方面。

已有文献对于多周期博弈的研究大多是针对供应链的定价问题的研究，也有少量文献是关于激励策略的研究，但以两周期博弈为主。Chen 和 Pearcy[138] 研究了消费者存在品牌偏好时，公司两阶段的定价策略。研究发现，当公司无法在两期内承诺相同的售价时，其会向竞争对手的客户提供更低的售价。Jing[128] 则研究了体验性产品市场中客户识别以及价格歧视在两阶段价格竞争中的影响。研究发现，销售方可以利用第一期客户的历史消费行为将客户分类，并在第二期采取价格歧视策略。类似地，Zhou 等[30] 研究了双渠道供应链中实体店和网店有能力分别实施信息披露和价格歧视时，零售商和制造商的两周期博弈策略。研究发现，制造商可以通过在网店实施价格歧视策略在一定程度上抵消零售商在实体店实施信息披露策略带来的不利影响。Karray 等[139]在一个含有两个制造商的供应链中，通过构建一个两阶段博弈模型，研究了合作广告对销售的长期推广效果。Anand 等[140]研究了单渠道供应链的两周期存货策略。不同于以上学者，Cvitanić、Wan 和 Yang[65]，Deb 和 Said[67]，Feng 等[68]等学者则是针对多周期博弈下的信息甄别激励策略进行研究（具体见本书第 2.3.1.1 节，此处不再赘述）。也有部分学者针对多周期博弈下的道德风险问题展开研究，如张建军等[78]通过构建单边道德风险框架，研究多周期内易逝品供应链中制造商声誉的演化过程。Laffont 和 Martimort[12]的委托代理理论中，研究了代理人风险中性、代理人风险规避时的道德风险模型，以及两周期博弈的情况。研究发现，与单周期的静态博弈相比，两周期博弈中，为激励第一期高努力水平的强度有所减弱。Zhou 等[141]研究了单渠道供应链多周期道德风险问题。研究发现当供应商会与零售商合作的时间更长时，供应链会与零售商分享更多的收益。

目前学者对于供应链中道德风险的研究多集中于对单渠道供应链中的单边道德风险以及双边道德风险问题的研究。相关文献已在第 6.2 节中进行了综述，此处不再赘述。

以上文献虽然对供应链中道德风险的激励策略以及多周期博弈的相关问题都有所涉及，但已有研究大多侧重于单周期内单渠道供应链框架下的道德风险问题[75,102,142-144]。但在供应链时间中，随着电子商务的快速发展，含有线上、线下渠道的供应链在市场上更受欢迎。供应链成员的行为和决策会受到渠道间竞争以及相互作用的影响（如"搭便车"效应）。更进一步地，由于更换合作方的成本以及谈判成本较高，制造商和零售商之间的合作往往是长期的。虽然也有很多学者对供应链的多周期博弈进行了研究，但也多针对定价策略、逆向选择的研究等，且博弈周期多局限于两周期内[30,139,140,145,146]。目前对于供应链中多周期道德风险的研究相对较少，特别是在双渠道供应链框架下展开的研究就更加稀少。因此，本章在现有文献的基础上，通过构建一个同时含有实体店、网店的双渠道供应链模型，以有限周期博弈为基础，研究当博弈周期为 n 周期时，制造商面临道德风险时的多周期激励策略。表 7-1 将现有文献和本章的研究进行了对比。

表 7-1 主要文献综述总结

文献	渠道类型	博弈周期	信息类型（A/S）	决策
Zhou 等[30]	双渠道	两周期	S	定价
Li 等[145]	双渠道	两周期	S	定价
Nana 等[146]	单渠道	多周期	S	生产和订货
Zhou 等[141]	双渠道	两周期	A	双边道德风险
Laffont 和 Martimort[12]	—	两周期	A	单边道德风险
Nikoofal 和 Gümüş[102]	单渠道	单周期	A	单边道德风险
Walker 等[142]	单渠道	单周期	A	单边道德风险
Corbett 等[75]	单渠道	单周期	A	双边道德风险
Plambeck 和 Taylor[147]	单渠道	多周期	A	双边道德风险
Choi T.-M. 等[143]	单渠道	单周期	A	单边道德风险
Takemoto 和 Arizono[144]	单渠道	单周期	A	单边道德风险
Liang 和 Atkins[82]	多渠道	单周期	A	单边道德风险
本章	双渠道	多周期	A	单边道德风险

注：A 代表信息非对称；S 代表信息对称。

7.3 模型构建

本书考虑一个由制造商（M）和零售商（R）组成的二级供应链模型，其中零售商同时经营实体渠道和网络渠道（见图 7-1）。制造商在 n（$n=1, 2, 3\cdots$）期内以一个固定的边际生产成本生产产品，为化简计算，本章将其标准化为 $0^{[91,148-150]}$。制造商委托零售商通过线上、线下渠道销售产品。假设制造商是风险中性的，零售商是风险规避的[151,152]。如前文所述，实体店和网店通过提供体验性服务披露产品信息的能力是有差异的，因此，本章假设消费者只能在实体店进行产品体验，网店无法提供体验性服务。但网店可以通过"搭便车"进行产品信息披露，也就是说，消费者可以在实体店体验产品后在网店下单，即网店对实体店的体验服务"搭便车"[4,23]，并实现一定程度的需求增长。假设体验性服务只会影响当期的需求，且每期的需求都是相互独立的[12]。设网店对实体店体验服务"搭便车"强度的系数为 λ，$\lambda \in (0, 1)$。λ 越大，"搭便车"效应越强。实体店和网店第 T 期的需求函数分别为 $Q_{Tr}^S = \alpha - p_{Tr}^S + \beta p_{Te}^S + \phi_T^S$，$Q_{Te}^S = \alpha - p_{Te}^S + \beta p_{Tr}^S + \lambda \phi_T^S$[31,88,89]，其中 $1 \leq T \leq n$，p_{Tr}^S 和 p_{Te}^S 和分别是实体店和网店的零售价，下标 r 和 e 分别表示线下和线上渠道。ϕ_T^S 是零售商第 T 期通过提供体验服务增加的附加需求，上角标"S"表示消费者体验服务后获得的价值评价状态，有"高"和"低"两种类型，即 $S \in \{H, L\}$。假设 $\phi_T^H > \phi_T^L$，即当消费者体验服务后的价值评价为高时，实体店可以获得更多的需求增长。更进一步地，本章假设在不同的时期中，消费者体验服务后的价值评价为高（低）时，实体店获得的需求增长相同，即 $\phi_T^H = \phi_1^H = \phi_2^H = \cdots = \phi_n^H (\phi_T^L = \phi_1^L = \phi_2^L = \cdots = \phi_n^L)$①。体验性服务带来的需求增长与零售商在提供体验服务时努力程度相关。零售商在提供体验性服务时可能努力（$E_T = 1$）也可能不努力（$E_T = 0$），努力时其需要投入更多的成本 c。零售商每期支付给制造商一个转移支付 t_T^S。表 7-2 为本章的符号说明。

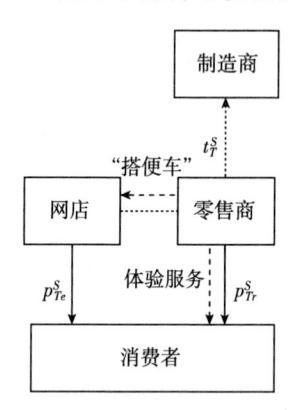

图 7-1 模型示意图

---

① 从该假设条件可以发现，"ϕ_T^S"中的下标"T"是没有意义的，即 ϕ_T^S 的值只与消费者体验服务后获得的价值评价状态 S 相关，与时期 T 无关。保留下标"T"是为了便于后文分析供应链双方的长期博弈策略。

表7-2 符号说明

符号	解释
t_T^S	零售商在第 T 期支付的转移支付,$1 \leqslant T \leqslant n$
λ	"搭便车"强度系数
$p_{T_r}^S(p_{T_e}^S)$	线下(线上)渠道第 T 期的产品售价,$1 \leqslant T \leqslant n$
S	消费者体验服务后获得的价值评价,$S \in \{H, L\}$
ϕ_T^S	当消费者体验服务后获得的价值评价为 S 时,零售商第 T 期通过提供体验服务增加的附加需求,$S \in \{H, L\}$
$Q_{T_r}^S(Q_{T_e}^S)$	实体店(网店)第 T 期的需求
β	渠道间替代价格弹性
E_T	零售商第 T 期的努力情况,$E_T \in \{0, 1\}$
c	零售商付诸努力需要承担的成本
ρ_1	零售商付诸努力时实现高需求增长的概率
ρ_0	零售商不努力时实现高需求增长的概率
$O \in \{F, D\}$	代表"完全信息模式(基准模式)"和"多周期道德风险模式"的上标
$\pi_{TM}^{SO}(\pi_{TR}^{SO})$	制造商(零售商)在 O 模式下第 T 期的利润
$\Pi_{TM}^{E,O}(\Pi_{TR}^{E,O})$[1]	模式 O 下,当零售商付诸努力($E_T=1$)或不努力($E_T=0$)时制造商(零售商)第 T 期的期望利润
$U_{TR}(\phi_{T-1}^S)$[2]	根据前期实现的需求增长,即 ϕ_{T-1}^S,制造商第 T 期($T \geqslant 2$)承诺支付给零售商的期望效用

零售商努力程度与体验服务带动的需求增长关系为:不努力但实现高需求

---

[1] 为了符号简便,$\Pi_{TM}^{E,O}(\Pi_{TR}^{E,O})$ 中 E_T 的下标"T"被省略。在多周期道德风险模式中,符号 $\Pi_{TM}^{E,O}(\phi_{T-1}^S)$ 与 $\Pi_{TM}^{E,O}$ 表达的含义相同。$\Pi_{TM}^{E,O}(\phi_{T-1}^S)$ 中的 (ϕ_{T-1}^S) 用来表示第 T 期期望利润 $\Pi_{TM}^{E,O}$ 与第 $T-1$ 期的需求增长 ϕ_{T-1}^S 之间的跨期关系。特别地,当 $T=1$ 时,$\Pi_{TM}^{E,O}(\phi_{T-1}^S)$ 中出现 ϕ_0^S。为了便于归纳多周期规律,本章假设 ϕ_0^S 仅在形式上统一而保留,即 $\Pi_{1M}^{E,O}(\phi_0^S)=\Pi_{1M}^{E,O}$,$\phi_0^S$ 没有实际含义。

[2] 由于第 T 期 $U_{TR}(\phi_{T-1}^S)$ 的值与第 $T-1$ 期的需求增长 ϕ_{T-1}^S 有关,因此,$U_{TR}(\phi_{T-1}^S)$ 中的"(ϕ_{T-1}^S)"用来表示跨期影响。

增长的概率为 $P(\phi_T^S = \phi_T^H \mid E_T = 0) = \rho_0$；努力但实现高需求增长的概率为 $P(\phi_T^S = \phi_T^H \mid E_T = 1) = \rho_1$，其中 $\rho_1 > \rho_0$，即当零售商付诸努力提供更好的体验服务时，由此带来高需求增长的可能性更高。但是，即便零售商不花费任何服务成本，即不努力提供体验性服务，其仍有一定的可能实现高需求增长。由于信息非对称，制造商只能观察到两个渠道实现的需求，即只能获知 ϕ_T^S，且了解零售商努力（不努力）时实现高需求增长的概率，无法直接判断零售商是否付出努力，在这种情况下，双渠道供应链中存在道德风险。因此，制造商需要通过制定一个多周期信息激励合约 $\{(t_1^H, t_1^L), (t_2^H, t_2^L), \cdots, (t_n^H, t_n^L)\}$ 以鼓励零售商努力提供体验服务，规避道德风险。

因此，根据本章的模型设定，该模型的 n 周期博弈时序为：①博弈开始时，制造商制定一个 n 周期合约 (t_T^H, t_T^L)，$T = 1, 2, 3, \cdots, n$；②零售商决定是否接受合约；③零售商如果选择接受合约，制造商和零售商在多周期内开始博弈；④在第 T 期初始，零售商选择该期的努力投入 E_T；⑤第二阶段，零售商决策第 T 期网店和实体店的零售价格 p_{Te}^S 和 p_{Tr}^S；⑥第三阶段，需求实现，零售商向制造商支付本期的转移支付 t_T^S。模型博弈时序如图 7-2 所示。

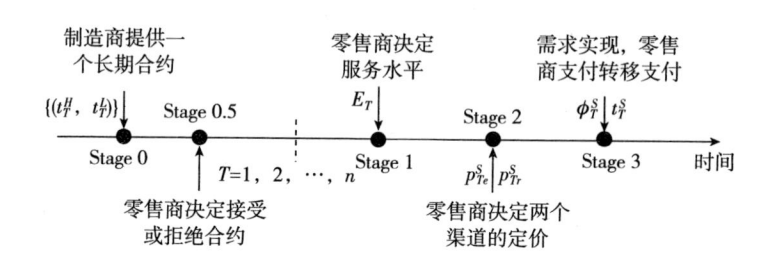

图 7-2 博弈时序

下文将利用逆向归纳法分别对完全信息条件和道德风险两种模式下制造商和零售商的多周期博弈决策进行分析。

7.4 完全信息模式

首先本节先分析制造商和零售商之间的信息为对称信息的情况,并以此为基准模型。制造商向零售商提供合约(t_T^{HF*},t_T^{LF*}),上角标"F"表示完全信息模式。

通过本章的模型设定,可以得到制造商和零售商第 T 期的利润分别为 $\pi_{TM}^{SF}= t_T^{SF}$ 和 $\pi_{TR}^{SF}=p_{Tr}^{SF}Q_{Tr}^{SF}+p_{Te}^{SF}Q_{Te}^{SF}-t_T^{SF}$。下角标"$M$"和"$R$"分别表示制造商和零售商。当第 T 期零售商选择努力提供体验服务时($E_T=1$),其需要花费更多的成本 c,此时制造商第 T 期的期望利润为:

$$\Pi_{TM}^{E=1,F}=\rho_1 t_T^{HF}+(1-\rho_1)t_T^{LF} \tag{7-1}$$

零售商第 T 期的期望利润为:

$$\Pi_{TR}^{E=1,F}=\rho_1 \pi_{TR}^{HF}+(1-\rho_1)\pi_{TR}^{LF}-c \tag{7-2}$$

类似地,当零售商选择不努力提供体验服务时($E_T=0$),其无须支付额外成本,此时制造商和零售商的期望利润分别为:

$$\Pi_{TM}^{E=0,F}=\rho_0 t_T^{HF}+(1-\rho_0)t_T^{LF} \tag{7-3}$$

$$\Pi_{TR}^{E=0,F}=\rho_0 \pi_{TR}^{HF}+(1-\rho_0)\pi_{TR}^{LF} \tag{7-4}$$

零售商同时决策实体店、网店的零售价。分别对两种努力状态下零售商的期望利润求最大化,可得实体店和网店的最优定价分别为:

$$p_{Tr}^{SF*}=\frac{\alpha(1+\beta)+(1+\beta\lambda)\phi_T^S}{2(1-\beta^2)} \tag{7-5}$$

$$p_{Te}^{SF*}=\frac{\alpha(1+\beta)+(\beta+\lambda)\phi_T^S}{2(1-\beta^2)} \tag{7-6}$$

其中,上角标"*"表示最优决策。易证,$p_{Tr}^{SF*}>p_{Te}^{SF*}$,这也是符合现实的。在实践中,与网店相比,实体店需要花费更多的成本来实现运营和提供体验性服务，由此实体店需要制定更高的零售价以弥补花费的成本。之后，可以得到两个终端的最优需求：

$$Q_{Tr}^{SF*} = \frac{\alpha + \phi_T^S}{2} \tag{7-7}$$

$$Q_{Te}^{SF*} = \frac{\alpha + \lambda \phi_T^S}{2} \tag{7-8}$$

由此可以发现，实体店和网店在每一期的定价和需求形式相同，且与零售商提供体验服务后增加的需求增长 ϕ_T^S 有关。当消费者通过体验服务获得高体验时，其更愿意支付较高的价格购买产品，因此零售商可以制定较高的零售价格，即 $p_{Tj}^{HF*} > p_{Tj}^{LF*}(j \in \{r, e\})$，由此实体店和网店可以获得更高的需求，即 $Q_{Tj}^{HF*} > Q_{Tj}^{LF*}$。从这个角度来说，零售商具有更高的议价能力。

与单周期博弈下的道德风险模型类似，完全信息条件下，制造商可以观察到零售商在提供体验服务时的努力程度。本章假设成本 c 需要满足条件 $c < \hat{c}$，以确保引诱零售商付诸努力总是必要的，其中：

$$\hat{c} = \frac{(\rho_1 - \rho_0)(\phi^H - \phi^L)(2\alpha(1+\beta)(1+\lambda) + \eta(\phi^H + \phi^L))}{4(1-\beta^2)} \tag{7-9}$$

其中，$\eta = 1 + 2\beta\lambda + \lambda^2$。证明见附录。

因此，制造商和零售商在 $E_T = 1$ 的条件下进行决策。根据直接显示原理[12,153]，完全信息条件下委托人和代理人的多周期激励策略为单周期激励策略的重复，因此，本节只需分析制造商单周期的激励策略。此时制造商需要解决最优化问题 (P^F) 以实现利润最大化。

$$(P^F) \max_{\{t_T^{HF}, t_T^{LF}\}} \Pi_{TM}^{E=1,F} = \rho_1 t_T^{HF} + (1-\rho_1) t_T^{LF}$$

$$\text{s.t.} \; \Pi_{TR}^{E=1,F} \geq 0 \quad (IR_T)$$

其中，(IR) 为零售商的参与约束。与第 6 章中完全信息条件下单周期道德风险模型的逻辑类似，可以解得完全信息条件下多周期信息激励策略。为表述简便，本章用 $f(x, y)$ 表示关于 x 和 y 的函数，其中：

$$f(x, y) = \frac{2\alpha(1+\beta)((1+\lambda)x + \alpha) + \eta y}{4(1-\beta^2)} \tag{7-10}$$

第7章 事后信息非对称动态博弈

命题7-1 完全信息条件下,制造商提供给零售商的 n 周期激励合约为 (t_T^{HF*}, t_T^{LF*})[①],其中:

$$t_T^{SF*} = f(\bar{\phi}_1, \bar{\phi}'_1) - c \quad S \in \{H, L\} \tag{7-11}$$

$$\bar{\phi}_1 = \phi^H \rho_1 + \phi^L(1-\rho_1) \tag{7-12}$$

$$\bar{\phi}'_1 = (\phi^H)^2 \rho_1 + (1-\rho_1)(\phi^L)^2 \tag{7-13}$$

$$T = 1, 2, \cdots, n \tag{7-14}$$

完全信息条件下,如果制造商决定引诱零售商付诸努力,制造商获得供应链的全部利润,即 $\Pi_{TM}^{E=1,F*} = f(\bar{\phi}_1, \bar{\phi}'_1) - c$。因此,容易发现 $f(\bar{\phi}_1, \bar{\phi}'_1)$ 即为双渠道供应链的整体收益,而供应链承担的全部成本仅为零售商付出努力而额外支付的成本 c。所以双渠道供应链每期的利润都为 $f(\bar{\phi}_1, \bar{\phi}'_1) - c$,且均被制造商占有。由于信息是对称的,无论零售商提供的体验服务带来的需求类型为高还是低,制造商都对零售商收取相同的转移支付。n 期内,制造商在第一期可以获得的期望利润的现值为:

$$\Omega_{1M}^{E=1,F*} = [f(\bar{\phi}_1, \bar{\phi}'_1) - c] \sum_{i=1}^{n} \delta^{i-1} \tag{7-15}$$

7.5 多周期道德风险模式

当制造商与零售商之间的信息非对称时,制造商对零售商的努力情况无法获知,其只能观察到由零售商提供的体验服务所带来的需求增长情况,即只了解 ϕ_T^S 的值。但制造商每期向零售商收取的转移支付会受到前期服务带动的需求增

---

① 在第7.2节中假设在不同的时期中,消费者体验服务后的价值评价为高(低)时,实体店获得的需求增长相同,即 $\phi_T^H = \phi_1^H = \phi_2^H = \cdots = \phi_n^H(\phi_T^L = \phi_1^L = \phi_2^L = \cdots = \phi_n^L)$。从该假设条件可以发现,"$\phi_T^S$"中的下标"$T$"是没有意义的,即 ϕ_T^S 的值只与消费者体验服务后获得的价值评价状态 S 相关,与时期 T 无关。保留下标"T"是为了体现跨期影响。

长类型 ϕ_T^S 的影响。长期博弈下,制造商需要设计合约(t_T^{HD*},t_T^{LD*})来激励零售商付诸努力。上角标"D"表示道德风险模式。与完全信息模式下的分析类似,可以得到多周期道德风险模式下的最优定价为 $p_{Tr}^{SD*}=p_{Tr}^{SF*}$ 和 $p_{Te}^{SD*}=p_{Te}^{SF*}$。限于篇幅,该部分的分析此处不再赘述。信息非对称条件下,制造商面临道德风险的多周期信息激励策略会有所不同。

本书第 4 章研究了两周期博弈中的两种合约模式——完全承诺和防重新谈判合约。本章则侧重分析完全承诺条件下的多周期道德风险激励策略。为了分析归纳得到 n 周期的博弈策略,下面先对有限周期内的博弈策略进行分析。

7.5.1 有限周期道德风险

本节首先分别对单周期($n=1$)、两周期($n=2$)以及三周期($n=3$)的道德风险问题进行分析。与第 6 章的逻辑类似,道德风险条件下,制造商的目标函数还需要考虑对零售商的激励约束。由此,单周期下制造商的最优化问题由 (P^F) 变为 ($P_{n=1}^D$):

$$(P_{n=1}^D) \max_{\{t_1^H,t_1^L\}} \rho_1 t_1^H + (1-\rho_1) t_1^L$$

$$\text{s. t.} \quad \Pi_{1R}^{E=1} \geq \Pi_{1R}^{E=0} \quad (IC)$$

$$\Pi_{1R}^{E=1} \geq 0 \quad (IR)$$

当博弈周期扩展为两周期时,需要考虑制造商和零售商的跨期收益。本章只考虑对制造商极有利的情况,即制造商要求激励策略可以实现零售商每一期都付出努力。因此,每期都须设置对零售商的激励约束。考虑到制造商制定的是完全承诺合约,可以假设制造商承诺除第一期外,之后第 $T(T \geq 2)$ 期零售商可以获得效用 $U_{TR}(\phi_{T-1}^S)^{[12]}$,且 $U_{TR}(\phi_{T-1}^H) > U_{TR}(\phi_{T-1}^L)$,折现因子为 δ,两周期下制造商需要解决的最优问题为($P_{n=2}^D$):

$$(P_{n=2}^D) \max_{\{t_T^H,t_T^L\}} \rho_1 [t_1^H + \delta \Pi_{2M}^{E=1}(\phi_1^H)] + (1-\rho_1) [t_1^L + \delta \Pi_{2M}^{E=1}(\phi_1^L)]$$

$$\text{s. t.} \quad \rho_1 [\pi_{1R}^H + \delta \Pi_{2R}^{E=1}(\phi_1^H)] + (1-\rho_1) [\pi_{1R}^L + \delta \Pi_{2R}^{E=1}(\phi_1^L)] - c \geq$$

$$\rho_0 [\pi_{1R}^H + \delta \Pi_{2R}^{E=1}(\phi_1^H)] + (1-\rho_0) [\pi_{1R}^L + \delta \Pi_{2R}^{E=1}(\phi_1^L)] \quad (IC_1)$$

$$\Pi_{2R}^{E=1}(\phi_1^S) \geq \Pi_{2R}^{E=0}(\phi_1^S) \quad (IC_2)$$

$$\rho_1[\pi_{1R}^H + \delta\Pi_{2R}^{E=1}(\phi_1^H)] + (1-\rho_1)[\pi_{1R}^L + \delta\Pi_{2R}^{E=1}(\phi_1^L)] - c \geq 0 \quad (IR_1)$$

$$\Pi_{2R}^{E=1}(\phi_1^S) \geq U_{2R}(\phi_1^S) \quad (IR_2)$$

其中，(IR_1)是零售商的跨期参与约束，(IC_1)是第一期的激励约束。类似地，可以得到三周期下制造商的最优化问题为$(P_{n=3}^D)$：

$$(P_{n=3}^D) \max_{\{t_T^H, t_T^L\}} \rho_1 t_1^H + (1-\rho_1) t_1^L + \delta[\rho_1 \Pi_{2M}^{E=1}(\phi_1^H) + (1-\rho_1)\Pi_{2M}^{E=1}(\phi_1^L)] + \delta^2[\rho_1 \Pi_{3M}^{E=1}(\phi_2^H) + (1-\rho_1)\Pi_{3M}^{E=1}(\phi_2^L)]$$

s.t. $\rho_1[\pi_{1R}^H + \delta(\Pi_{2R}^{E=1}(\phi_1^H) + \delta(\rho_1\Pi_{3R}^{E=1}(\phi_2^H) + (1-\rho_1)\Pi_{3R}^{E=1}(\phi_2^L)))] +$
$(1-\rho_1)[\pi_{1R}^L + \delta(\Pi_{2R}^{E=1}(\phi_1^L) + \delta(\rho_1\Pi_{3R}^{E=1}(\phi_2^H) + (1-\rho_1)\Pi_{3R}^{E=1}(\phi_2^L)))] - c \geq$
$\rho_0[\pi_{1R}^H + \delta\Pi_{2R}^{E=1}(\phi_1^H)] + (1-\rho_0)[\pi_{1R}^L + \delta\Pi_{2R}^{E=1}(\phi_1^L)] +$
$\delta^2(\rho_1\Pi_{3R}^{E=1}(\phi_2^H) + (1-\rho_1)\Pi_{3R}^{E=1}(\phi_2^L)) \quad (IC_1)$

$\rho_1(\pi_{2R}^H(\phi_1^S) + \delta\Pi_{3R}^{E=1}(\phi_2^H)) + (1-\rho_1)(\pi_{2R}^L(\phi_1^S) + \delta\Pi_{3R}^{E=1}(\phi_2^L)) - c \geq$
$\rho_0(\pi_{2R}^H(\phi_1^S) + \delta\Pi_{3R}^{E=1}(\phi_2^H)) + (1-\rho_0)(\pi_{2R}^L(\phi_1^S) + \delta\Pi_{3R}^{E=1}(\phi_2^L)) \quad (IC_2)$

$$\Pi_{3R}^{E=1}(\phi_2^S) \geq \Pi_{3R}^{E=0}(\phi_2^S) \quad (IC_3)$$

$\rho_1[\pi_{1R}^H + \delta(\Pi_{2R}^{E=1}(\phi_1^H) + \delta(\rho_1\Pi_{3R}^{E=1}(\phi_2^H) + (1-\rho_1)\Pi_{3R}^{E=1}(\phi_2^L)))] + (1-\rho_1)[\pi_{1R}^L + \delta(\Pi_{2R}^{E=1}(\phi_1^L) + \delta(\rho_1\Pi_{3R}^{E=1}(\phi_2^H) + (1-\rho_1)\Pi_{3R}^{E=1}(\phi_2^L)))] - c \geq 0 \quad (IR_1)$

$\rho_1(\pi_{2R}^H(\phi_1^S) + \delta\Pi_{3R}^{E=1}(\phi_2^H)) + (1-\rho_1)(\pi_{2R}^L(\phi_1^S) + \delta\Pi_{3R}^{E=1}(\phi_2^L)) - c \geq U_{2R}(\phi_1^S) \quad (IR_2)$

$$\Pi_{3R}^{E=1}(\phi_2^S) \geq U_{3R}(\phi_2^S) \quad (IR_3)$$

分别对$(P_{n=1}^D)$，$(P_{n=2}^D)$以及$(P_{n=3}^D)$三个有限期内的道德风险问题进行求解（具体求解过程见附录）。设$f(x, y)$中，当$y=x^2$时，式(7-10)可以改写为：

$$g(x) = f(x, x^2) \text{。} \tag{7-16}$$

可以得到当$n=1, 2, 3$时制造商的激励策略（见表7-3）。

7.5.2 多周期道德风险

第7.5.1节分别对博弈周期为单周期、两周期以及三周期时制造商的信息激

表7-3　有限周期下道德风险激励策略（$n=1, 2, 3$）

		单周期（$n=1$）	两周期（$n=2$）	三周期（$n=3$）
$T=1$	t_1^{LD*}	$g(\phi^L)+\dfrac{\rho_0 c}{\rho_1-\rho_0}$	$g(\phi^L)+\dfrac{\rho_0 c}{\rho_1-\rho_0}+\delta U_{2R}(\phi_1^L)$	$g(\phi^L)+\dfrac{\rho_0 c}{\rho_1-\rho_0}+\delta U_{2R}(\phi_1^L)$
	t_1^{HD*}	$g(\phi^H)-\dfrac{(1-\rho_0)c}{\rho_1-\rho_0}$	$g(\phi^H)-\dfrac{(1-\rho_0)c}{\rho_1-\rho_0}+\delta U_{2R}(\phi_1^H)$	$g(\phi^H)-\dfrac{(1-\rho_0)c}{\rho_1-\rho_0}+\delta U_{2R}(\phi_1^H)$
$T=2$	$t_2^{LD*}(\phi_1^S)$	—	$g(\phi^L)+\dfrac{\rho_0 c}{(\rho_1-\rho_0)}-U_{2R}(\phi_1^S)$	$g(\phi^L)+\dfrac{\rho_0 c}{\rho_1-\rho_0}-U_{2R}(\phi_1^S)+\delta U_{3R}(\phi_2^L)$
	$t_2^{HD*}(\phi_1^S)$	—	$g(\phi^H)-\dfrac{(1-\rho_0)c}{\rho_1-\rho_0}-U_{2R}(\phi_1^S)$	$g(\phi^H)-\dfrac{(1-\rho_0)c}{\rho_1-\rho_0}-U_{2R}(\phi_1^S)+\delta U_{3R}(\phi_2^H)$
$T=3$	$t_3^{LD*}(\phi_2^S)$	—	—	$g(\phi^L)+\dfrac{\rho_0 c}{\rho_1-\rho_0}-U_{3R}(\phi_2^S)$
	$t_3^{HD*}(\phi_2^S)$	—	—	$g(\phi^H)-\dfrac{(1-\rho_0)c}{\rho_1-\rho_0}-U_{3R}(\phi_2^S)$

励策略进行了求解。在供应链实践中，由于更换合作方、更改合约谈判等成本较高，制造商和零售商之间的合作往往是长期的，所以探究多周期合作博弈策略是非常有意义的。通过对有限周期下制造商的最优化问题（$P_{n=1}^D$）、（$P_{n=2}^D$）以及（$P_{n=3}^D$）的规律总结，可以得到n周期博弈中，制造商的最优化问题为（P_n^D）：

$$(P_n^D) \max_{\{(t_1^H,t_1^L),(t_2^H,t_2^L),\cdots,(t_n^H,t_n^L)\}} \rho_1 t_1^H+(1-\rho_1)t_1^L+\sum_{i=2}^n \delta^{i-1}K_{iM}^{E=1}$$

$$\text{s.t. } \Pi_{TR}^{E=1}(\phi_{T-1}^S)+\theta\sum_{i=T+1}^n \delta^{i-1}K_{iR}^{E=1,\rho_1} \geq \Pi_{TR}^{E=0}(\phi_{T-1}^S)+\theta(\delta^T K_{(T+1)R}^{E=1,\rho_0}+$$

$$\chi\sum_{i=T+2}^n \delta^{i-1}K_{iR}^{E=1,\rho_1})(IC_T)$$

$$\Pi_{iR}^{E=1}(\phi_{T-1}^S)+\theta\sum_{i=T+1}^n \delta^{i-1}K_{iR}^{E=1,\rho_1} \geq \mu U_{TR}(\phi_{T-1}^S)(IR_T)$$

其中，

$$\theta=\begin{cases}0 & T=n\\ 1 & T<n\end{cases}$$

$$\chi=\begin{cases}0 & T=n-1\\ 1 & T<n-1\end{cases}$$

$$\mu = \begin{cases} 0 & T=1 \\ 1 & T \geq 2 \end{cases}$$

$$K_{TM}^{E=1} = \rho_1 \Pi_{TM}^{E=1}(\phi_{T-1}^H) + (1-\rho_1) \Pi_{TM}^{E=1}(\phi_{T-1}^L) \tag{7-17}$$

$$K_{TR}^{E=1} = \rho_1 \Pi_{TR}^{E=1}(\phi_{T-1}^H) + (1-\rho_1) \Pi_{TR}^{E=1}(\phi_{T-1}^L) \tag{7-18}$$

$$K_{TR}^{E=0} = \rho_1 \Pi_{TR}^{E=0}(\phi_{T-1}^H) + (1-\rho_1) \Pi_{TR}^{E=0}(\phi_{T-1}^L) \tag{7-19}$$

$$T = 1, 2, \cdots, n, \, n \geq 2$$

其中，(IR_T) 和 (IC_T) 分别为第 T 期零售商的参与约束和激励约束。制造商制定的激励策略要实现零售商每期付出努力，因此零售商的激励约束共有 n 个，同理，其参与约束也有 n 个。对 (IC_T) 变形得到式 (7-20)：

$$\Pi_{TR}^{E=1}(\phi_{T-1}^S) + \theta(\delta^T K_{(T+1)R}^{E=1,\rho_1} + \sum_{i=T+2}^n \delta^{i-1} K_{iR}^{E=1,\rho_1}) \geq \Pi_{TR}^{E=0}(\phi_{T-1}^S) + \theta(\delta^T K_{(T+1)R}^{E=1,\rho_0} + \chi \sum_{i=T+2}^n \delta^{i-1} K_{iR}^{E=1,\rho_1}) \tag{7-20}$$

当 $T<n-1$ 时，$\chi=1$，式 (7-20) 化简后可以得到式 (7-21) 和推论 7-1：

$$\Pi_{TR}^{E=1}(\phi_{T-1}^S) + \theta\delta^T K_{(T+1)R}^{E=1,\rho_1} \geq \Pi_{TR}^{E=0}(\phi_{T-1}^S) + \theta\delta^T K_{(T+1)R}^{E=1,\rho_0} \tag{7-21}$$

推论 7-1 当 $T<n-1$ 时，零售商第 T 期的激励约束 (IC_T) 只涉及零售商本期（第 T 期）以及下一期（第 $T+1$ 期）的收益，与之后周期（第 $T+2$ 期到第 n 期）的收益无关。

由于制造商是在博弈初期制定激励合约，因此无论是制造商的目标函数，还是零售商的激励约束和参与约束，都需考虑跨期影响，即需通过折现因子 δ 将未来收益进行折现。所以制造商和零售商第 T 期的策略都受到未来每期的决策和收益影响。但当 $T<n-1$ 时，零售商第 T 期的激励约束仅与本期及下一期的收益相关。这是因为制造商每期的收取的转移支付 t_T 都与 $T-1$ 期零售商提供的体验服务实现的需求增长类型 ϕ_{T-1}^S 直接相关。(IC_T) 是对零售商第 T 期行为决策的约束，即对 ϕ_T^S 产生影响，而 ϕ_T^S 又进一步对零售商第 $T+1$ 期的收益造成影响，但从 $T+2$ 期开始，零售商需要上缴的转移支付与 ϕ_T^S 无关，因此，从 $T+2$ 期到第 n 期的收益不会对零售商第 T 期的激励约束造成影响。

通过对表 7-3 中结果的观察，利用数学归纳法，可以得到 n 周期道德风险博弈中制造商的激励策略，见命题7-2：

命题7-2 信息非对称条件下，当博弈周期为 n 周期时，面临道德风险的制造商提供给零售商的激励合约为 (t_T^{HD*}, t_T^{LD*})，其中：

$$t_T^{HD*}(\phi_{T-1}^S) = g(\phi^H) - \frac{(1-\rho_0)c}{\rho_1-\rho_0} - \mu U_{TR}(\phi_{T-1}^S) + \theta\delta U_{(T+1)R}(\phi_T^H) \quad (7-22)$$

$$t_T^{LD*}(\phi_{T-1}^S) = g(\phi^L) + \frac{\rho_0 c}{\rho_1-\rho_0} - \mu U_{TR}(\phi_{T-1}^S) + \theta\delta U_{(T+1)R}(\phi_T^L) \quad (7-23)$$

$$T=1, 2, \cdots, n$$

与完全信息条件下的激励策略 (t_T^{HF*}, t_T^{LF*}) 相比，存在道德风险时，体验服务实现的需求增长类型不同时零售商需要支付的转移支付也不同。通过对比命题7-1和命题7-2，可以得到结论7-1。

结论7-1 多周期道德风险博弈中，第 T 期的激励合约 (t_T^{HD*}, t_T^{LD*}) 受到历史信息 ϕ_{T-1}^S 的影响，而完全信息条件下的多周期激励合约与历史信息无关，仅为单周期博弈的重复。

当制造商和零售商之间的信息对称时，由于制造商可以观察到零售商是否付出努力，所以在 n 周期内，零售商只要有一次不努力，就会被制造商发现。因此，零售商在合作期内都会努力，且随着时间推移，制造商和零售商之间的信息结构不会发生改变，多周期博弈仅为单周期博弈的重复。当制造商和零售商之间的信息非对称时，虽然制造商不能获知零售商是否"诚信履约"，是否积极提供体验服务，但其可以在第 T 期收取转移支付时，参考上一期的已披露的信息 ϕ_{T-1}^S 进行合约制定。

另外，由命题7-1及命题7-2可知，完全信息条件下的信息激励策略 (t_T^{HF*}, t_T^{LF*}) 以及道德风险下的激励策略 (t_T^{HD*}, t_T^{LD*}) 都受到"搭便车"系数 λ 的影响，且 $\partial t_T^{SF*}/\partial\lambda = \partial f(\bar\phi_1, \bar\phi_1')/\partial\lambda$，$\partial t_T^{HD*}(\phi_{T-1}^S)/\partial\lambda = \partial g(\phi^H)/\partial\lambda$，$\partial t_T^{LD*}(\phi_{T-1}^S)/\partial\lambda = \partial g(\phi^L)/\partial\lambda$，因此"搭便车"系数 λ 对合约中转移支付的影响主要体现在函数 $f(x,y)$ 和 $g(x)$ 上，渠道间竞争系数 β 的影响也类似。因此，对于"搭便车"系数对转移支付、制造商的期望利润的影响可以化简为对函数 $f(x,y)$ 和 $g(x)$ 的

分析。易得：

$$\frac{\partial t_T^{SF*}}{\partial \lambda} = \frac{\partial f(\overline{\phi}_1, \overline{\phi}'_1)}{\partial \lambda} = \frac{\overline{\phi}_1 \alpha(1+\beta) + \overline{\phi}'(\beta+\lambda)}{2(1-\beta^2)} \quad (7-24)$$

$$\frac{\partial t_T^{HD*}(\phi_{T-1}^S)}{\partial \lambda} = \frac{\partial g(\phi^H)}{\partial \lambda} = \frac{\phi^H \alpha(1+\beta) + \phi^H(\beta+\lambda)}{2(1-\beta^2)} \quad (7-25)$$

$$\frac{\partial t_T^{LD*}(\phi_{T-1}^S)}{\partial \lambda} = \frac{\partial g(\phi^L)}{\partial \lambda} = \frac{\phi^L \alpha(1+\beta) + \phi^L(\beta+\lambda)}{2(1-\beta^2)} \quad (7-26)$$

式（7-24）至式（7-26）都大于0。因此，信息对称与非对称两种情况下，都存在"搭便车"效果越好（λ越大），制造商收取的转移支付越高的现象。"搭便车"效果越好，网店由于实体店的体验性服务获得的需求增长越多，供应链收益越高，所以制造商要收取更高的转移支付。这也在一定程度上解释了"线下体验，线上购买"的模式越来越流行的原因。对于实体店来说，虽然提供体验服务需要花费展示、样品、人工等费用，但体验服务同时带动了实体渠道和网络渠道的需求，这对制造商和零售商是都有好处的。因此，越来越多的制造商和零售商都愿意采用实体、网络渠道共存的经营模式。例如，京东开设实体体验店，苏宁在网上开设苏宁易购网店等。更进一步地，通过对比式（7-24）至式（7-26），可以得到推论7-2。

推论7-2 与完全信息条件下的信息激励相比，多周期道德风险博弈中，高类型的转移支付 $t_T^{HD*}(\phi_{T-1}^S)$ 对"搭便车"的影响更加敏感，而低类型的转移支付 $t_T^{LD*}(\phi_{T-1}^S)$ 对"搭便车"的影响敏感度下降，即 $\partial t_T^{HD*}(\phi_{T-1}^S)/\partial \lambda > \partial t_T^{SF*}/\partial \lambda > \partial t_T^{LD*}(\phi_{T-1}^S)/\partial \lambda$。

完全信息条件下，由于高低两种类型的转移支付相同，所以"搭便车"系数对 t_T^{HF*} 和 t_T^{LF*} 的影响相同。但在多周期道德风险博弈中，"搭便车"对高低两种类型下的转移支付影响不同。当网店对实体店的"搭便车"效果增强时，即 λ 增大，如果零售商提供的体验服务带来的需求增长为高类型，网店由此增长的需求要高于低类型的情况，即 $\lambda\phi^H > \lambda\phi^L$。相应地，制造商会向零售商收取更高的转移支付。"搭便车"系数每增加1单位带来的转移支付的增加为 $\Delta t_T^{HD*}(\phi_{T-1}^S) > \Delta t_T^{SF*} >$

$\Delta t_T^{LD*}(\phi_{T-1}^S)$，即对应图 7-3 中的 $\Delta g(\phi^H) > \Delta f(\bar{\phi}_1, \bar{\phi}_1') > \Delta g(\phi^L)$。所以多周期博弈中，高类型转移支付对"搭便车"系数更加敏感。虽然两种信息模式下制造商的激励策略对"搭便车"系数的敏感度不同，但完全信息条件下和道德风险模式下制造商第 T 期的期望利润对"搭便车"系数的敏感性相同，$\partial \Pi_{TM}^{E=1,F*}/\partial \lambda = \partial \Pi_{TM}^{E=1,D*}(\phi_{T-1}^S)/\partial \lambda = \partial f(\bar{\phi}_1, \bar{\phi}_1')/\partial \lambda$。

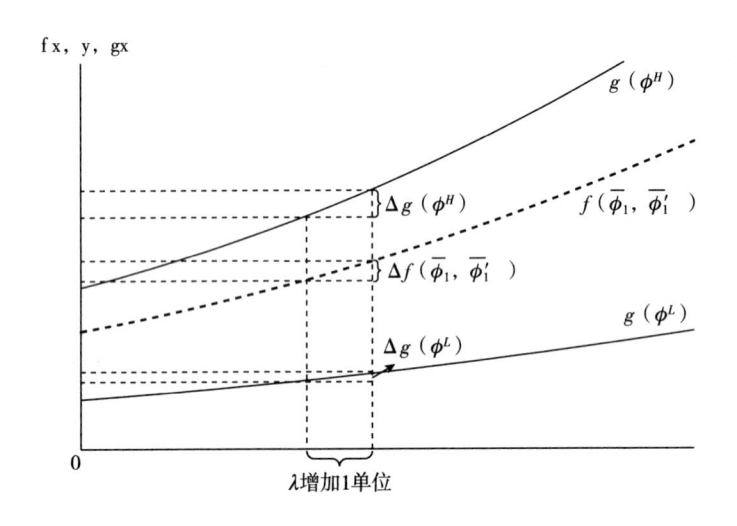

图 7-3 "搭便车"系数的影响

从制造商获得的期望利润来看，完全信息条件下，制造商每一期获得的期望利润为 $\Pi_{TM}^{E=1,F*}(\phi_{T-1}^S) = f(\bar{\phi}_1, \bar{\phi}_1') - c$。存在道德风险时，制造商第 T 期的期望利润的现值为：

$$\Omega_{TM}^{E=1,D*}(\phi_{T-1}^S) = [f(\bar{\phi}_1, \bar{\phi}_1') - c] \sum_{i=0}^{n-T} \delta^i - \mu U_{TR}(\phi_{T-1}^S) \quad (7-27)$$

制造商第 T 期的期望利润（不考虑以后周期利润折现）为：

$$\Pi_{TM}^{E=1,D*}(\phi_{T-1}^S) = f(\bar{\phi}_1, \bar{\phi}_1') - c - \mu U_{TR}(\phi_{T-1}^S) + \theta \delta [\rho_1 U_{(T+1)R}(\phi_T^H) + (1-\rho_1) U_{(T+1)R}(\phi_T^L)] \quad (7-28)$$

易证 $f(\bar{\phi}_1, \bar{\phi}_1') = (1-\rho_1)g(\phi^L) + \rho_1 g(\phi^H)$。通过对制造商第 T 期的期望利润的分析可以得到结论 7-2。

结论 7-2 多周期道德风险博弈中，制造商可以通过在第 T 期（$T<n$）提前获得零售商第 $T+1$ 期效用的期望现值，并在第 $T+1$ 期返还给零售商的方式进行信息激励。

从式(7-28)可以发现，在多周期道德风险模式下，制造商在第 T 期的期望利润 $\Pi_{TM}^{E=1,D*}(\phi_{T-1}^S)$ 包含三部分。第一部分为 $f(\bar{\phi}_1,\bar{\phi}'_1)-c$。与完全信息模式制造商可以获得的期望利润 $\Pi_{TM}^{E=1,F*}(\phi_{T-1}^S)$ 类似，存在道德风险时，制造商在第 T 期同样可以获得供应链的利润 $f(\bar{\phi}_1,\bar{\phi}'_1)-c$。第二部分是 $\mu U_{TR}(\phi_{T-1}^S)$。多周期博弈中，制造商还需支付给零售商承诺的效用 $U_{TR}(\phi_{T-1}^S)$。第三部分是 $\delta[\rho_1 U_{(T+1)R}(\phi_T^H)+(1-\rho_1)U_{(T+1)R}(\phi_T^L)]$，该部分为零售商下一期(第 $T+1$ 期)效用的期望折现到第 T 期的现值。制造商在第 T 期向零售商收取 $\delta[\rho_1 U_{(T+1)R}(\phi_T^H)+(1-\rho_1)U_{(T+1)R}(\phi_T^L)]$，之后在第 $T+1$ 期再根据第 T 期实现的需求增长 ϕ_T^S 返还给零售商效用 $U_{TR}(\phi_T^S)$。从这个角度来看，$\delta[\rho_1 U_{(T+1)R}(\phi_T^H)+(1-\rho_1)U_{(T+1)R}(\phi_T^L)]$ 相当于零售商在第 T 期向制造商预先缴纳的一个"保证金"，制造商在第 $T+1$ 期会将保证金退还，退还的数额依赖于零售商第 T 期提供体验服务带来的需求增长 ϕ_T^S，即 $U_{(T+1)R}(\phi_T^S)$，如图 7-4 所示。由于 $U_{(T+1)R}(\phi_T^H)>U_{(T+1)R}(\phi_T^L)$，易得：

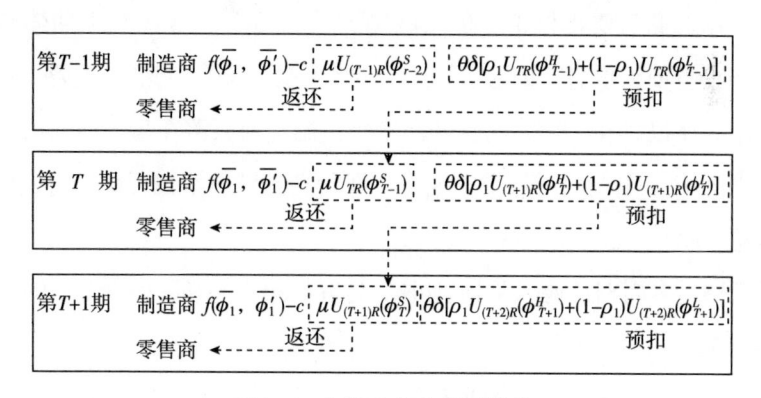

图 7-4 制造商信息激励模式

$$U_{(T+1)R}(\phi_T^H)>\rho_1 U_{(T+1)R}(\phi_T^H)+(1-\rho_1)U_{(T+1)R}(\phi_T^L)>U_{(T+1)R}(\phi_T^L) \quad (7-29)$$

如果第 T 期体验服务实现的需求增长为高类型，制造商将退还给零售商高于

"保证金"$U_{(T+1)R}(\phi_T^H) > \rho_1 U_{(T+1)R}(\phi_T^H) + (1-\rho_1)U_{(T+1)R}(\phi_T^L)$ 的效用 $U_{(T+1)R}(\phi_T^H)$ 予以鼓励，即 $U_{(T+1)R}(\phi_T^H) > \rho_1 U_{(T+1)R}(\phi_T^H) + (1-\rho_1)U_{(T+1)R}(\phi_T^L)$。如果零售商付诸努力，其可以以 ρ_1 的概率实现高的需求增长 ϕ_T^H。尽管零售商不努力也有可能以 ρ_0 的概率实现高的需求增长，但由于付诸努力实现高需求增长的概率更高（$\rho_1 > \rho_0$），零售商还是倾向于付诸努力的。相反，如果零售商在提供体验性服务时不努力，则制造商会退还低于"保证金"的效用 $U_{(T+1)R}(\phi_T^L)$ 予以惩罚，即 $\rho_1 U_{(T+1)R}(\phi_T^H) + (1-\rho_1)U_{(T+1)R}(\phi_T^L) > U_{(T+1)R}(\phi_T^L)$。因此，零售商在第 T 期为了争取下一期获得较高的效用 $U_{(T+1)R}(\phi_T^H)$ 以弥补该期上缴的"保证金"，其会选择在第 T 期付出努力。所以，制造商通过这种预收"保证金"后期返还一定效用的方式，可以起到对零售商激励的作用。

结论 7-3 多周期道德风险博弈中，制造商在第 T 期（$T \geq 2$）需支付第 $T-1$ 期的信息激励成本 C_T^{D*}，其中：

$$C_T^{D*}(\phi_{T-1}^S) = \rho_1 U_{TR}(\phi_{T-1}^H) + (1-\rho_1)U_{TR}(\phi_{T-1}^L) - U_{TR}(\phi_{T-1}^S) \tag{7-30}$$

根据结论 7-2 中的分析以及图 7-4 的内容易得，由于制造商提前扣缴"保证金"而在下一期返还承诺的效用，所以第 $T-1$ 期的信息激励成本是在第 T 期支付的。当第 $T-1$ 期体验服务带来的需求增长类型为高时，即 $\phi_{T-1}^S = \phi_{T-1}^H$，$C_T^{D*}(\phi_{T-1}^H) > 0$，制造商需要支付正的信息激励成本。相反，当第 $T-1$ 期体验服务带来的需求增长类型为低时，即 $\phi_{T-1}^S = \phi_{T-1}^L$，$C_T^{D*}(\phi_{T-1}^L) < 0$，制造商需要支付负的信息激励成本。所以，在 n 周期的长期博弈中，制造商只需在第 2 期到第 n 期分别支付第 1 期到第 $n-1$ 期的信息激励成本，即信息激励成本被延期支付，由此还可以得到推论 7-3。

推论 7-3 多周期道德风险博弈中，制造商第 $T-1$ 期（$T \geq 2$）的风险向后推移至第 T 期。

从某种意义上来讲，制造商提前扣缴"保证金"的方式在一定程度上降低了制造商在信息非对称中的风险。除结论 7-3 中提到的制造商延期支付信息激励成本外，从另一个角度来看，制造商第 T 期支付给零售商的效用 $U_{TR}(\phi_{T-1}^S)$ 是受到零售商第 $T-1$ 期提供体验服务时实现的需求类型（ϕ_{T-1}^S）的影响。因此，由零

售商第 $T-1$ 期是否投入努力带来的不确定性（风险）对制造商的收益影响发生在第 T 期，即风险后移。特别地，当 $T=1$ 时，$\Pi_{1M}^{E=1,D*}=f(\bar{\phi}_1,\bar{\phi}'_1)-c+\delta[\rho_1 U_{2R}(\phi_1^H)+(1-\rho_1)U_{2R}(\phi_1^L)]$，此时制造商在第一期获得高于完全信息条件下的期望利润，第一期的风险转移到第 2 期。因此，制造商在第 $T-1$ 期的风险都后移至第 T 期。

7.6 本章小结

本章通过构建零售商同时经营实体店、网店的双渠道供应链模型，从有限周期博弈出发，研究了博弈周期为多周期时，信息对称时以及存在道德风险时制造商对零售商的信息激励策略。本章得到的主要结论和管理启示如下：

（1）长期博弈的影响。

多周期道德风险博弈中，制造商对零售商当期的激励约束仅需考虑当期和下一期的收益，与其他周期的收益无关。换句话说，信息非对称时，制造商当期的激励策略会受到前一期历史信息的影响，而完全信息条件下的信息激励不受历史信息的影响。因此，信息非对称条件下，制造商每期提供给零售商的合约会由于零售商前期行为的不同而不同。

（2）制造商的激励策略。

多周期道德风险博弈中，制造商可以通过在前一期提前向零售商收取"保证金"，之后根据需求实现情况返还效用的方式对零售商进行信息激励。由此制造商可以推迟支付激励成本，并将风险推移至下一期。通过这种方式，制造商可以在一定程度上规避道德风险，而零售商也会为了保证未来的合作而付诸努力，这对于供应链的可持续发展也是有利的。

（3）"搭便车"效应的影响。

由于网店对实体店的体验服务可以"搭便车"，制造商的激励策略同样受到

"搭便车"的影响。本章研究发现高类型的转移支付对"搭便车"系数的敏感度高于低类型的转移支付,即"搭便车"效应越强,制造商可以收取的转移支付越高。网店由于较强的"搭便车"效应可以获得更高的需求增长,供应链也可以获得更高的收益。因此,制造商可以收取更高的转移支付。从这个角度来讲,"线下体验,线上下单"是制造商合理利用"搭便车"的一个不错的运营模式。

从以上的结论中,可以得到一些信息非对称条件下供应链长期运营管理的相关启示。

首先,在长期合作中,零售商每期的行为都会影响其下一期获得的合约。零售商在合作中付诸努力或按约定行动对于获得更好的合约条件以及维持合作更加有利。所以,对于制造商和零售商来说,选择长期合作要优于短期合作,长期合作可以减少短视行为和道德风险的发生。不仅如此,长期合作也有利于供应链的可持续发展。

其次,制造商在设计激励合约时可以考虑收取"保证金"。该类合约可以在一定程度上规避道德风险和信息非对称带来的危害。

最后,在供应链实践中,制造商、零售商和其他供应链成员应该根据线上、线下渠道的特性和优势,对两种渠道进行合理的利用。正如前文所述,实体店更便于提供体验性服务,而网店可以通过对实体店的体验性服务"搭便车"来获得需求增长,这对于整个供应链来说都是有益的。因此,在供应链运营中采用"线下体验,线上下单"的模式是个不错的选择。

本书为信息非对称条件下双渠道供应链在应对多周期道德风险时的激励决策补充了理论研究和实践启示。但本章仍然存在进一步研究的空间。首先,与第6章类似,本章只考察了双渠道供应链中制造商与零售商之间存在单边道德风险的情况。但在制造商和零售商的合作中也存在双边道德风险的情况[75,141,147],双边道德风险情况下制造商和零售商长期博弈中的相关决策更为复杂。所以,未来可以针对存在双边道德风险的双渠道供应链中的制造商的多周期激励策略展开研究。其次,为了简化分析,本章假设网店不能提供体验性服务。但在实践中,直播销售在电子商务中越来越受到消费者的欢迎,而直播销售可以在一定程度上向消费者展示产品、披露产品信息，而这对于消费者的价值评价以及购买决策的影响是不可忽视的[154-156]。因此，直播销售影响下双渠道供应链中制造商的道德风险策略也是一个值得探索的方向。

第 8 章 总结与展望

8.1 研究总结

信息非对称作为供应链实践中面临的最大实际,已经成为当前供应链管理与研究所不容忽视的问题。特别是在结构更为复杂、成员更为繁多的双渠道供应链中,信息非对称的问题更加凸显。信息非对称不仅会导致供应链成员的决策偏离完全信息条件下的最优决策,也会对供应链的整体收益和绩效带来不利影响。因此,在双渠道供应链的渠道结构下,研究供应链成员如何通过有效的激励机制,降低信息非对称的影响,实现供应链整体以及成员的收益提升和策略优化,是非常有必要的。基于此,本书在同时含有实体店、网店的双渠道供应链框架下,考虑实体渠道和网络渠道在提供体验性服务上存在能力差异时,当制造商与零售商之间存在信息非对称时,在双渠道供应链中按照信息非对称发生的时间(事前、事后)针对信息甄别、信号传递以及道德风险的激励机制进行研究,并考察不同影响因素所带来的影响。得到的主要结论如下:

(1) 针对事前信息非对称静态博弈下的信息甄别问题的研究。该部分主要考察了当信息非对称发生在签订合约前,且制造商为市场需求信息的劣势方时,制造商的信息甄别策略。对比分析制造商通过提供单渠道限价合约（只对实体渠道限价）和双渠道限价合约（对实体店、网店限价）激励零售商真实披露市场信息，实现信息甄别的效果。研究发现在单渠道限价合约下，当市场需求为高类型时，实体店和网店的定价都不会发生扭曲；但当市场需求为低类型时，两渠道定价都会向下扭曲，且实体渠道扭曲得更多。而在双渠道限价合约下，当两个渠道的市场份额相同时，制造商制定的两个渠道的价格也相同，否则，定价策略会受到多种因素影响。当市场状态为低时，双渠道限价合约导致供应链和实体店收益进一步向下扭曲，而网店的收益可能上升也可能下降。特别地，制造商可以通过双渠道限价合约在一定程度上减少信息租金，当市场波动性足够高时，可以实现无信息租金。由于信息非对称是不可避免的，制造商为了获得信息就需要支付一定的信息租金。但该部分的研究显示制造商可以通过制定合理的限价合约减少甚至消除信息非对称的影响，因此该结论对于供应链管理实践具有重要的借鉴意义。

（2）针对事前信息非对称动态博弈下的信息甄别问题的研究。该部分通过构建一个两阶段双渠道供应链模型，研究了当零售商更了解市场需求时，信息对称、信息非对称条件下制造商的两周期激励策略，并对完全信息合约、完全承诺合约以及防重新谈判合约进行对比。研究发现，完全信息条件下，制造商提供的合约只与当期市场类型相关，与前期市场类型（历史信息）无关，即高市场类型下，制造商要向零售商收取更高的转移支付，且制定更高的零售价格，反之亦然。另外，该条件下，实体店定价总高于网店，且实体店定价对市场类型更加敏感。而信息非对称时，由于博弈周期不是单周期的，此时制造商和零售商可能会考虑重新谈判制定合约，但重新谈判会增加谈判成本。因此，该部分对比了两种长期合约，对比发现，在完全承诺合约和防重新谈判合约下，只要零售商有一次披露市场类型为高，完全信息条件下的定价就可以实现分离；低类型市场状态下，制造商需要向下扭曲实体店定价（采用低于完全信息合约的定价）以实现信息甄别，这与单周期博弈下的情况类似。但当零售商连续两期披露市场类型为低时，制造商会提供给零售商一个比第一期更高的定价，且当第二期市场类型为低（高）时，披露过高类型市场信号的零售商可以获得比披露过低类型市场信号的零售商更高的限价（信息租金/利润）。在一定条件下，完全承诺合约可以满足防重新谈判条件，而当两个合约分离且前期信号为低时，防重新谈判合约下高类型零售商可以在第二期获得更高的信息租金；当前期信号为高时，两种合约下高类型零售商在第二期获得的信息租金相同，但在第一期防重新谈判合约下高类型零售商在也可以获得更高的信息租金。防重新谈判约束只对市场容量类型跨期不连续条件下的制造商为紧。特别地，一定条件下，防重新谈判合约可以减少实体店售价向下扭曲的程度，即与完全承诺合约对比，防重新谈判合约更优。因此，当博弈周期超过单周期时，制造商可以通过与零售商的前期博弈进行信息更新，并提供不同的合约策略，以实现有效的信息甄别。

（3）针对事前信息非对称静态博弈下的信号传递问题的研究。该部分主要研究了事前信息非对称条件下，制造商为产品需求潜力的信息优势方时，单渠道模式及双渠道模式中制造商的信号传递策略，以及增设网络直销渠道对制造商信号传递策略的影响。研究发现，完全信息条件下，增设网络直销渠道可以提升制造商的议价能力。但在信息非对称条件下，无论是单渠道还是双渠道中，制造商都需要通过向上扭曲批发价、降低支付给零售商的入场费来进行信号传递，同时零售商会减少附加值服务的提供。另外，双渠道模式中网店定价也可以作为信号标志进行传递，且同样会发生向上扭曲。特别地，在一定条件下，制造商可以通过引入网络直销渠道降低批发价向上扭曲的概率（即更容易实现自然分离），并减少信号传递成本。另外，产品需求波动性越大、需求对零售商提供附加服务敏感性越低或渠道间竞争强度越温和时，制造商通过增设网络直销渠道进行信号传递将更加有利。因此，增设网络直销渠道可以增加对制造商的议价能力，并在一定程度上降低信号传递成本，该结论从一定程度上反映出当前越来越多的制造商愿意加入双渠道运营的原因，也为制造商在供应链管理实践中降低信息非对称的影响提供了又一具有参考借鉴价值的方案。

（4）针对事后信息非对称静态博弈下的道德风险问题的研究。该部分通过对比信息对称和信息非对称（存在道德风险）时，双渠道供应链中制造商和零售商博弈决策，考察当消费者对产品体验重视程度不同且网店可以对实体店的体验服务"搭便车"时，制造商应对道德风险时的激励策略。研究发现，完全信息条件下制造商对零售商的服务补偿与消费者实现的体验效用类型无关，但道德风险条件下的服务补偿依赖于体验效用类型。存在道德风险时，如果消费者实现高体验效用，零售商会获得正的服务补偿和较低的批发价，反之，零售商获得负的服务补偿和较高的批发价。特别地，当零售商的外部性资产水平较低时，零售商只承担有限责任，消费者体验效用为低时制造商可以获得的罚金发生扭曲。存在道德风险、注重实体体验的消费者比例足够高时，网店对实体店体验服务的"搭便车"效应越强，制造商花费的激励成本越高。网店更倾向于向高体验效用的消费者提供更低的价格以拉拢客户，而实体店则采取统一定价，且实体店定价高于网店定价。

（5）针对事后信息非对称动态博弈下的道德风险问题的研究。该部分通过构建零售商同时经营实体店、网店的双渠道供应链模型，以有限周期博弈为基础，总结归纳出博弈周期为多周期、信息对称时以及存在道德风险时制造商对零售商的信息激励策略。研究发现，多周期道德风险博弈中，制造商对零售商的激励约束仅需考虑当期和下一期的收益，与其他周期的收益无关。且制造商每一期的激励策略都受到前一期历史信息的影响，而完全信息条件下的信息激励不受历史信息的影响。特别地，多周期道德风险博弈中，制造商可以通过在前一期提前向零售商收取"保证金"，之后根据需求实现情况返还效用的方式对零售商进行信息激励。由此制造商可以实现推迟支付激励成本，并将风险推移至下一期。最后，由于网店对实体店的体验服务可以"搭便车"，制造商的激励策略也会受到"搭便车"的影响，且高类型的转移支付对"搭便车"系数的敏感度高于低类型的转移支付对"搭便车"系数的敏感度。

8.2 研究展望

通过本书对信息非对称条件下双渠道供应链的激励机制研究，得到了在含有实体店、网店的双渠道供应链中，当制造商和零售商在面对信息非对称时，所采取的行为决策，并分析研究了不同影响因素对供应链成员收益及激励策略的影响。但是，本书的研究仍存在进一步改进的空间：

（1）本书假设制造商、零售商和消费者都为风险中性的。虽然目前大部分研究都将供应链成员假设为风险中性，但现实中，仍然存在一部分决策者是风险规避或者是风险偏好的。不同的风险偏好会使得供应链成员的决策发生变化，并间接影响其他成员的行为决策。特别是在长期博弈中，风险偏好的影响将会更加明显。Laffont 和 Martimort[12]研究的委托代理理论中，就分别研究了代理人是风险中性和风险规避时的逆向选择和道德风险问题。因此，在未来的研究中，可以改变对制造商、零售商的风险偏好假设，以探究不同风险偏好下，供应链成员的决策变化及影响。

（2）对消费者行为描述的假设仍然存在一定的局限。消费者的购买行为将直接影响供应链的渠道需求，进而对制造商和零售商的决策造成影响。因此，在模型中对消费者行为的描述越准确，得到的结论也就越完善。但消费者的行为受多方面影响，为了简化模型，本书在对消费者描述上，仍存在一定局限。例如，消费者在决策选择实体店、网店时，除价格和距离外，本书描述的消费者只考虑了两个渠道在提供体验服务上的差异对购买决策的影响。但在现实中，影响消费者购买渠道的因素还有广告、口碑等。因此，在未来的研究中，可以细化对消费者行为的描述，纳入其他因素对供应链激励机制的影响。

（3）针对逆向选择长期博弈的研究只将博弈周期扩展到两周期。博弈双方的博弈次数和时间都会在一定程度上导致博弈决策的改变。特别是在信息非对称条件下，随着博弈次数和周期的延长，供应链成员可以掌握更多的信息，并可以相应地修正所做的决策。因此，在未来的研究中，可以进一步将博弈周期扩展为大于两周期的多周期，甚至无限周期，并可以从中总结出一定的规律。

（4）本书对道德风险的研究只涉及单边道德风险。但在信息非对称条件下，制造商和零售商双方都具有一定的私有信息，且这些信息都会对供应链成员的决策造成影响，并影响整个供应链。本书的第 6 章、第 7 章都只考察了单边道德风险，制造商无法观察到零售商提供体验服务的努力程度。但制造商在生产产品时的生产工艺将直接影响产品质量，进而影响消费者的购买需求，这也是零售商所难以直接观察到的，即出现了双边道德风险问题。所以，在未来的研究中，可以进一步探究双渠道供应链在面临双边道德风险时，渠道成员的相关决策和激励问题，以及多周期博弈下的双边道德风险激励决策。

因此，在未来的研究中，可以针对以上问题进行进一步改善模型和分析，为信息非对称条件下的双渠道供应链激励机制研究和管理实践提供更加丰富的理论支持和建议。

附　录

第 3 章　附录

推论 3-3 证明

由前文分析可知，$G_r^L(\cdot)$ 是关于 p_r^L 的二次函数，可以求得 $p_r^{LF**} = \arg\max\limits_{p_r^L}$ $G_r^L(\cdot) = \alpha^L(x\beta+\lambda_r)/4(\beta^2-\gamma^2)$，易证 $p_r^{LF**} < p_r^{LF*}$，因此 A 点在实体店收益最高点的右侧（见图 A3-1），则在最高点左侧必有一点 A'，使 $G_r^L(\cdot)$ 在 A 点和 A' 点的收益相同。可以解得 A' 点对应的实体店定价为 $p_r^{LF'} = x\beta\alpha^L/[2(\beta^2-\gamma^2)]$，而 p_r^{LN*} 可能大于 $p_r^{LF'}$，对应收益在 B_1 点，则实体店收益增加；p_r^{LN*} 也可能小于 $p_r^{LF'}$，对应收益在 B_2 点，则实体店收益减小。由 $p_r^{LN*} > x\beta\alpha^L/[2(\beta^2-\gamma^2)]$ 可以解得 $\alpha^H/\alpha^L < (\lambda_r - x\beta(1-\rho))/\rho\lambda_r$。

先分析供应链的收益。当 $p_r^{LN*} < x\beta\alpha^L/[2(\beta^2-\gamma^2)]$ 时，实体店网店收益都下降，供应链收益必然下降。当 $p_r^{LN*} > x\beta\alpha^L/[2(\beta^2-\gamma^2)]$ 时，实体店收益增加，网店收益下降，总效应不明显。假设 B_1 点正好为 $G_r^L(\cdot)$ 的最高点，即 $p_r^{LN*} =$

p_r^{LF**}，那么从 A 点到 B_1 点实体店收益增加的最多。此时 $\Delta R_r^L = (1-x)^2 \alpha^{L2} \gamma^2 / 16\beta(\beta^2 - \gamma^2) > 0$，$\Delta R_e^L = -(1-x)^2 \gamma^2 \alpha^{L2} / [8\beta(\beta^2 - \gamma^2)] < 0$。由于 $|\Delta R_r^L| > |\Delta R_e^L|$，所以供应链收益的变化为 $\Delta G^L = \Delta R_r^L + \Delta R_e^L < 0$，因此，在无附加限制非对称信息条件下，供应链收益始终是下降的。推论3-3证毕。

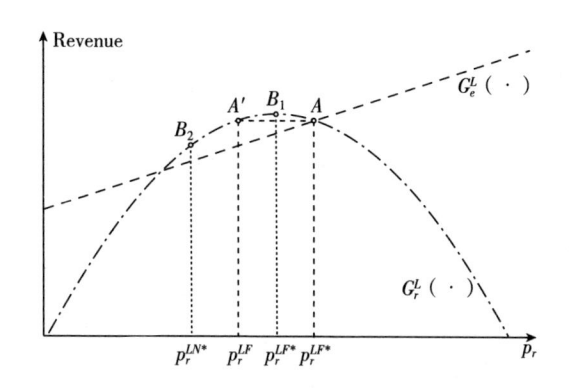

图A3-1 单渠道限价合约下实体店网店收益示意图

命题3-3证明

在单渠道限价合约的情况下，$p_r^{LP*} = p_r^{LN*}$，$p_e^{LP*} = \tilde{p}_e^{LN*}$，但需要满足前提条件 $R^H(p_r^{LP}, p_e^{LP}) - R^L(p_r^{LP}, p_e^{LP}) + U^L > U^H$。化简后须满足 $\alpha^H < f_1(\alpha^L, \beta)$。同理，在双渠道限价合约的情况下，需要满足前提条件 $R^H(p_r^{LP}, p_e^{LP}) - R^L(p_r^{LP}, p_e^{LP}) + U^L < U^H$，解得 $\alpha^H \geq f_2(\alpha^L, \beta)$。

易证 $f_2(\alpha^L, \beta) > f_1(\alpha^L, \beta)$。另外，由于本章假设 $\alpha^L > \rho \alpha^H$，由此有 $\alpha^H < \alpha^L / \rho$。如果 $f_2(\alpha^L, \beta) > \alpha^L / \rho$，那么制造商无法实施完全信息条件下的策略 $\{p_r^{LF*}, p_e^{LF*}\}$。由 $f_2(\alpha^L, \beta) \leq \alpha^L / \rho$ 可以得到 $\alpha^L < \sqrt{2\Delta U (\beta^2 - \gamma^2) \rho / [(1-\rho)\kappa]}$。因此，当且仅当 $\alpha^L < \sqrt{2\Delta U (\beta^2 - \gamma^2) \rho / [(1-\rho)\kappa]}$ 时，制造商可以实施 $\{p_r^{LF*}, p_e^{LF*}\}$。

但是，还存在一种情况，即 $R^H(p_r^{LP}, p_e^{LP}) - R^L(p_r^{LP}, p_e^{LP}) + U^L = U^H$，可以解得 $p_e^L = \lambda_e n$，将上式代入制造商的目标函数，并求利润最大化，得到 $p_r^L = \lambda_r n$。证毕。

第4章 附录

定理 4-1 证明

将式(4-2)和式(4-3)代入问题(P_1)中可以解得 $p_{Tr,h}^{F*}$。由 $p_{Te}>0$ 可得 $4-\lambda^2\phi^2>0$,即 $\phi<2/\lambda$,$\sqrt{s_{T,h}(\alpha_h, p_{Tr,h})}=(\alpha_h\lambda+2p_{Tr,h}(1+\gamma\lambda))\phi/(4-\lambda^2\phi^2)$。为了保证 $p_{Tr,h}^{F*}>0$,须满足 $\phi<2\sqrt{1-r^2}/(1+\lambda)$。为了保证 $t_{T,h}^{F*}>0$,又要求 $\phi<2\sqrt{2(1+r)}/(1-\lambda)$,易证 $2/\lambda>2\sqrt{1-r^2}/(1+\lambda)$,所以 ϕ 的范围为 $\phi<2\sqrt{1-r^2}/(1+\lambda)$。

定理 4-2 证明

由于 $\prod_{TR}=G_T-t_T$,制造商的目标函数可以化为:

$$\max_{\{t_{T,h},p_{Tr,h}\}} v[t_{1,H}+\delta(\rho t_{2,HH}+(1-\rho)t_{2,HL})]+(1-v)[t_{1,L}+\delta(\rho t_{2,LL}+(1-\rho)t_{2,LH})]$$

由条件 IR_{iL} 为紧可得 $t_{2,iL}=G_2(\alpha_L, p_{2r,iL})$,又由于 $V_{TR}(\alpha_{h'}, p_{Tr,h})=G'(\alpha_{h'}, p_{Tr,h})-t_{T,h}$,条件 IC_{iH} 可得:

$$t_{2,iH}=G_2(\alpha_H, t_{2,iH})-G'_2(\alpha_H, t_{2,iL})+G_2(\alpha_L, t_{2,iL})$$

IR_L 可以化为:$G_1(\alpha_L, t_{1,L})-t_{1,L}+\delta(1-\rho)[G_2(\alpha_H, t_{2,LH})-t_{2,LH}]=0$,把 $t_{2,iH}$ 代入 IR_L 可得:

$$t_{1,L}=G_1(\alpha_L, t_{1,L})+\delta(1-\rho)\{G_2(\alpha_H, t_{2,LH})-[G_2(\alpha_H, t_{2,LH})-G'_2(\alpha_H, t_{2,LL})+G_2(\alpha_L, t_{2,LL})]\}$$

IC_H 可以化为:

$$G_1(\alpha_H, t_{1,H})-t_{1,H}+\delta\rho[G_2(\alpha_H, t_{2,HH})-t_{2,HH}]=G'_1(\alpha_H, t_{1,L})-t_{1,L}+\delta\rho[G_2(\alpha_H, t_{2,LH})-t_{2,LH}]$$

把 $t_{1,L}$、$t_{2,iH}$ 代入 IC_H 可得:

$$t_{1,H} = G_1(\alpha_H, t_{1,H}) + \delta\rho[G_2(\alpha_H, t_{2,HH}) - t_{2,HH}] - \{G'_1(\alpha_H, t_{1,L}) - t_{1,L} + \delta\rho[G_2(\alpha_H, t_{2,LH}) - t_{2,LH}]\}$$

将以上各式代入制造商的目标函数，可以求得最优的实体店定价 $p_{Tr,h}^{C*}$，定理 4-2 证毕。

将 $p_{Tr,h}^{C*}$ 代入 $t_{T,h}$ 可得完全承诺合约下的转移支付 $t_{T,h}^{C*}$：

$$t_{T,h}^{C*} = \begin{cases} t_{T,h}^{F*} & h=HL \\[4pt] \dfrac{\alpha_L^2 + \alpha_L\eta p_{r,h}^{C*} - \sigma(p_{r,h}^{C*})^2}{4-\lambda^2\phi^2} & h=LL \\[8pt] \dfrac{\alpha_L^2 + p_{r,iH}^{C*}(\alpha_H\eta - p_{r,iH}^{C*}\sigma) - \Delta\alpha p_{r,iL}^{C*}\eta}{4-\lambda^2\phi^2} & h=iH(i=H,L) \\[8pt] \dfrac{\alpha_L^2 + \Delta\alpha\delta(\alpha_H+\alpha_L)(1-\rho) + \Delta\alpha\delta(1-\rho)p_{r,LL}^{C*}\eta + p_{r,L}^{C*}(\alpha_L\eta - p_{r,L}^{C*}\sigma)}{4-\lambda^2\phi^2} & h=L \\[8pt] \dfrac{(\Delta\alpha\delta(1-\rho) - p_{r,L}^{C*}\eta)(\alpha_H+\alpha_L) + \alpha_L^2 + \Delta\alpha\delta\eta(p_{r,LL}^{C*}(1-2\rho) + p_{r,HL}^{C*}\rho) + p_{r,H}^{C*}(\alpha_H\eta - p_{r,H}^{C*}\sigma)}{4-\lambda^2\phi^2} & h=H \end{cases}$$

引理 4-1 证明

由 $\prod_{2R}(\alpha_L, t_{2,iL}) = \prod_{2R}^*(\alpha_L, t_{2,iL}) = 0$ 可得 $t_{2,iL} = G_2(\alpha_L, p_{2r,iL})$。由 $IC_i(H)$ 为紧可得 $G_2(\alpha_H, t_{2,iH}) - t_{2,iH} = G'_2(\alpha_H, t_{2,iL}) - t_{2,iL}$。把 $t_{2,iL} = G_2(\alpha_L, p_{2r,iL})$ 代入 $IC_h(H)$ 可得 $t_{2,iH} = G_2(\alpha_H, t_{2,iH}) - G'_2(\alpha_H, t_{2,iL}) + t_{2,iL}$。将以上各式代入目标函数中解得 $p_{2r,iH} = \alpha_H\eta/2\sigma$，$p_{2r,iL}(\mu(i)) = (\alpha_L - \alpha_H u)\eta/(2(1-u(i))\sigma)$。由 $\prod_{2R}(\alpha_H, t_{2,iH}) = \prod_{2R}^*(\alpha_H, t_{2,iH})$ 可得 $p_{2r,iL} = p_{2r,iL}^{F*}$。所以防重新谈判约束为 $p_{2r,iL}(u(i)) \leqslant p_{2r,iL} \leqslant p_{2r,iL}^{F*}$。

定理 4-3 证明

与定理 4-2 类似，不考虑防重新谈判约束 $p_{2r,iL}(u(i)) \leqslant p_{2r,iL} \leqslant p_{2r,iL}^{F*}$ 时，解得：

$$p_{Tr,h}^* = \begin{cases} p_{Tr,h}^{F*} & h=H,\ HH,\ LH,\ HL \\ \dfrac{(\alpha_L-\alpha_H v(1-x))\eta}{2(1-v(1-x))\sigma} & h=L \\ \dfrac{(\alpha_L(\rho-v(1-x)(1-\rho))+\alpha_H v(1-2\rho))\eta}{2(\rho-v(\rho-x(1-\rho)))\sigma} & h=LL \end{cases}$$

由于条件 IC_H 为紧,所以 $x\in[0,1]$。正文已证明 $x=0$,由此考虑以下两种情况:

(1) 防重新谈判约束不相关。

当完全承诺合约满足 $p_{2r,iL}(u(i))\leq p_{2r,iL}\leq p_{2r,iL}^{F*}$ 时,完全承诺合约和防重新谈判合约无差异。当 $i=H$ 时, $p_{2r,HL}^{C*}=p_{2r,HL}^{F*}$,满足防重新谈判条件;当 $i=L$ 时,当且仅当 $\rho\leq\rho_1=1/(1+v)$ 时,$p_{2r,LL}^{C*}\geq p_{2r,LL}(u(i))$。因此当且仅当 $\rho\leq\rho_1$ 时,完全承诺合约可以实现防重新谈判。

(2) 完全承诺合约与防重新谈判合约分离。

当 $\rho>\rho_1$ 时,$p_{2r,LL}^*<p_{2r,LL}(u(i))$,$p_{2r,iL}(u(i))\leq p_{2r,iL}\leq p_{2r,iL}^{F*}$ 条件不能被满足,所以 $p_{r,LL}$ 向上扭曲至 $p_{r,LL}(u(i))$,将 $\mu(\rho,x)$ 代入可得 $p_{2r,LL}^{R*}=(\alpha_L-\alpha_H(1-\rho))\eta/(2\rho\sigma)$。此时的防重新谈判合约为 $(t_{T,h}^{R*},p_{Tr,h}^{R*})$。

结论 4-2 证明

$p_{2r,LL}^{R*}-p_{2r,LL}^{C*}=\Delta\alpha(-1+\rho(1+v))\eta/(2(1-v)\rho\sigma)$,当 $\rho>\rho_1$ 时,$p_{2r,LL}^{R*}>p_{2r,LL}^{C*}$。$p_{2r,LL}^{F*}-p_{2r,LL}^{R*}=\Delta\alpha(1-\rho)\eta/(2\rho\sigma)\geq 0$,所以 $p_{2r,LL}^{F*}\geq p_{2r,LL}^{R*}$。

易知 $t_{2,LL}=(\alpha_L^2+\alpha_L\eta p_{2r,LL}-\sigma(p_{2r,LL})^2)/(4-\lambda^2\phi^2)$,$\partial t_{2,LL}/\partial p_{2r,LL}=\alpha_L\eta/2\sigma=p_{2r,LL}^{F*}$,当 $p_{2r,LL}<p_{2r,LL}^{F*}$ 时,$\partial t_{2,LL}/\partial p_{2r,LL}>0$。又由于 $p_{2r,LL}^{R*}>p_{2r,LL}^{C*}>p_{2r,LL}^{F*}$,所以 $t_{2,LL}^{R*}>t_{2,LL}^{C*}$,即在 $\rho>\rho_1$ 且信号为 LL 时,制造商第二期收益增加。

第5章 附录

式（5-2）化简证明

式（5-2）根号内的算式开根号有两种情况：

（1）$w_i > \alpha_i$ 且 $\phi < 2$ 时，或 $w_i < \alpha_i$ 且 $\phi > 2$ 时：

$$q_d^{SF*}(w_i; \alpha_i) = \frac{2}{\lambda}(\alpha_i - w_i)(\phi^2 - 1) \tag{A5-1}$$

且为了保证 $q_d > 0$ 还需 $\phi > 1$。

（2）$w_i > \alpha_i$ 且 $\phi > 2$ 时，或 $w < \alpha_i$ 且 $\phi < 2$ 时：

$$q_d^{SF*}(w_i; \alpha_i) = \frac{-2}{\lambda}(\alpha_i - w_i) \tag{A5-2}$$

由此算得的最优批发价为0，因此舍去。

综合以上，单渠道时的需求为：

$$q_d^{SF*}(w_i; \alpha_i) = \frac{2}{\lambda}(\alpha_i - w_i)(\phi^2 - 1) \tag{A5-3}$$

其中 $\phi > 1$，$\phi \neq 2$，且需满足关系：$w_i > \alpha_i$ 且 $\phi < 2$ 时，或 $w_i < \alpha_i$ 且 $\phi > 2$。

定理5-2证明

由 $V_{LH}(w_H, L_H; \alpha_L) \leq \prod_{mL}^{SF*}$ 解得 $w_H < w_{1H}^{SA}$ 或 $w_{2H}^{SA} < w_H$，其中：

$$w_{1H}^{SA} = \frac{2\phi^4 \alpha_H - \lambda^2 \Delta\alpha - \lambda\sqrt{-3\alpha_L^2 \lambda + \alpha_H^2(20 - 16\phi^2 + \phi^4) + 2\alpha_H \alpha_L(2\phi^4 - \lambda^2)}}{2\lambda(\phi^2 - 1) + 2\phi^4} \tag{A5-4}$$

$$w_{2H}^{SA} = \frac{2\phi^4 \alpha_H - \lambda^2 \Delta\alpha + \lambda\sqrt{-3\alpha_L^2 \lambda + \alpha_H^2(20 - 16\phi^2 + \phi^4) + 2\alpha_H \alpha_L(2\phi^4 - \lambda^2)}}{2\lambda(\phi^2 - 1) + 2\phi^4} \tag{A5-5}$$

可证 $w_H^{SF*}>w_{1H}^{SA}$ 恒成立。所以单一渠道制造商最优批发价决策为：$w_H^{SA*}=\max\{w_H^{SF*},w_{2H}^{SA}\}$。由 $V_{LH}(w_H^{SF*},L_H;\alpha_L)>\prod_{mL}^{SF*}$ 解得 $\alpha_L^{SA}<\alpha_L<\alpha_H$。当 $\alpha_L\in(\alpha_L^{SA},\alpha_H)$ 时，$w_{2H}^{SA}>w_H^{SF*}$，$w_H^{SA*}=w_{2H}^{SA}$，否则，$w_{2H}^{SA}<w_H^{SF*}$，$w_H^{SA*}=w_H^{SF*}$。w_{2H}^{SA} 又可以表示为 $w_{2H}^{SA}=w_H^{SF*}+E^{Sw}$，其中：

$$E^S=\frac{\lambda}{2}\frac{\sqrt{-3\alpha_L^2\lambda+\alpha_H^2(20-16\phi^2+\phi^4)+2\alpha_H\alpha_L(2\phi^4-\lambda^2)}-\lambda\Delta\alpha}{\lambda(\phi^2-1)+\phi^4} \tag{A5-6}$$

定理 5-2 得证（正文中 w_{2H}^{SA} 用 $\tilde{w}^S$ 替代）。

式 (5-8) 化简证明

式 (5-8) 根号内的算式开根号有两种情况：

(1) $\alpha_i+p_{ei}r-w_i>0$ 且 $\phi>2$ 时，或 $\alpha_i+p_{ei}r-w_i<0$ 且 $\phi<2$ 时：

$$q_d^{DA*}(w_i,p_{ei};\alpha_i)=\frac{2}{\lambda}(\alpha_i+p_{ei}r-w_i)(\phi^2-1) \tag{A5-7}$$

且为了保证 $q_d>0$ 还需 $\phi>1$。

(2) $\alpha_i+p_{ei}r-w_i<0$ 且 $\phi>2$ 时，或 $\alpha_i+p_{ei}r-w_i>0$ 且 $\phi<2$ 时：

$$q_d^{DA*}(w_i,p_{ei};\alpha_i)=-\frac{2}{\lambda}(\alpha_i+p_{ei}r-w_i) \tag{A5-8}$$

由此算得的 $\prod_{mL}^{DF*}$ 为负数，即低类型制造商不会进入市场，因此舍去。

综合以上，双渠道时的需求为：

$$q_d^{DA*}(w_i,p_{ei};\alpha_i)=\frac{2}{\lambda}(\alpha_i+p_{ei}r-w_i)(\phi^2-1) \tag{A5-9}$$

$\phi>1$，$\phi\neq2$，且须满足关系：$\alpha_i+p_{ei}r-w_i<0$ 且 $\phi<2$ 时，或 $\alpha_i+p_{ei}r-w_i>0$ 且 $\phi>2$。

定理 5-4 证明

首先，在求解 (P_2) 时，可以通过 $\partial\prod_m/\partial p_e=0$ 得到用含 w 的式子表示的最优网店定价 $p_e^{DF*}(w)$，即 p_e 和 w 之间的关系式：

$$p_{ei}^{DF*}(w_i;\alpha_i)=\frac{2rw_i(4-\phi^2+\phi^4)+\alpha_i[\lambda^2+r(\lambda(3\phi^2-4)-2\phi^4)]}{2[-\lambda^2+r^2(12-11\phi^2+\phi^4)]} \tag{A5-10}$$

由于前文提到为了保证 $q_d>0$，要求满足关系：$\alpha_i+p_{ei}r-w_i<0$ 且 $\phi<2$，或 $\alpha_i+p_{ei}r-w_i>0$ 且 $\phi>2$。将 $p_{ei}^{DF*}(w_i;\alpha_i)$ 代入 $\alpha_i+p_{ei}r-w_i$ 后解得要求的范围为：$w_i<\dfrac{\alpha_i[r^2(-2+\phi^2)-\lambda(2+r)]}{4r^2(-2+\phi^2)-2\lambda}$ 且 $\phi>2$，或者 $w_i>\dfrac{\alpha_i[r^2(-2+\phi^2)-\lambda(2+r)]}{4r^2(-2+\phi^2)-2\lambda}$ 且 $1<\phi<2$。

将 $p_{ei}^{DF*}(w_i;\alpha_i)$ 代入 $V_{LH}(w_H,L_H,p_{eH};\alpha_L)$ 可以得到：

$$V_{LH}(w_H;\alpha_L)=\dfrac{\alpha_H^2[-r^2(-2+\phi^2)^2+\phi^2(12+\phi^2)]-2\alpha_H\begin{bmatrix}2w_H(2\phi^4-\lambda^2-2r^2(2\lambda+5\phi^2))\\+\alpha_L(\lambda^2+r(\lambda(3\phi^2-4)-2\phi^2))\end{bmatrix}+4[w_H^2((\lambda(\phi^2-1)+\phi^4)(1-r^2)-3r^2\phi^4)+\alpha_L w_H r(\lambda-\phi^4)]}{4[-\lambda^2+r^2(12-11\phi^2+\phi^4)]}+\alpha_L w_H-\pi(0)$$

由 $V_{LH}(w_H;\alpha_L)\leqslant\Pi_{mL}^{DF*}$ 解得 $w_H<w_{1H}^{DA}$ 或 $w_{2H}^{DA}<w_H$，（w_{1H}^{DA} 和 w_{2H}^{DA} 是 $V_{LH}(w_H;\alpha_L)=\Pi_{mL}^{DF*}$ 的解，由于结果表达式较为复杂，此处不列出）。

可证 $w_H^{DF*}>w_{1H}^{DA}$ 恒成立。所以双渠道制造商最优批发价决策为：$w_H^{DA*}=\max\{w_H^{DF*},w_{2H}^{DA}\}$。由 $V_{LH}(w_H^{DF*},L_H^{DF*},p_{eH}^{DF*};\alpha_L)<\Pi_{mL}^{DF*}$ 解得 $\alpha_L^{DA}<\alpha_L<\alpha_H$。当 $\alpha_L\in(\alpha_L^{DA},\alpha_H)$ 时，$w_{2H}^{DA}>w_H^{DF*}$，否则 $w_{2H}^{DA}<w_H^{DF*}$，其中：

$$\alpha_L^{DA}=-\dfrac{\alpha_H[-\phi^2(3+2\phi^2)-2r(\phi^4-\lambda)+r^2(-8+5\phi^2+4\phi^4)]}{8-13\phi^2+6\phi^4+r^2\phi^2(-1+2\phi^2)+2r(4-7\phi^2+4\phi^4)} \quad (A5-11)$$

将 w_H^{DA*} 代入式（A5-10）可以得到 p_{eH}^{DA*}，表达式复杂，此处不列出。w_{2H}^{DA} 又可以表示为 $w_{2H}^{DA}=w_H^{SF*}+N^w+E^{Dw}$，其中：$E^{Dw}=\overline{w}_2^{DA}-\overline{w}^{DF*}$，

$$N^w=-\dfrac{\alpha_H r(\phi^4-\lambda)[\lambda(\phi^2-1)+\phi^4+r(4-7\phi^2+4\phi^4)]}{2[\lambda(\phi^2-1)+\phi^4][\lambda(1-\phi^2)(1-r^2)-\phi^4(1-2r^2)]} \quad (A5-12)$$

定理5-4得证（正文中用 $\widetilde{w}^D$ 替代 w_{2H}^{DA}）。

推论5-2证明

信号传递导致单渠道批发价扭曲范围为 (α_L^{SA},α_H)，增加直销渠道后扭曲范围为 (α_L^{DA},α_H)。由于上限相同，因此只需比较下限大小即可。由 $\alpha_L^{DA}>\alpha_L^{SA}$ 解得 $(-4+5\phi^2-2\phi^4)/(4-7\phi^2+4\phi^4)<r<(2-4\phi^2+\phi^4)/(-2+2\phi^2+\phi^4)$。又因为 $(-4+$

$5\phi^2-2\phi^4)/(4-7\phi^2+4\phi^4)$ 恒小于 0，因此 $\alpha_L^{DA}>\alpha_L^{SA}$ 仅要求 $r<(2-4\phi^2+\phi^4)/(-2+2\phi^2+\phi^4)$。由于 $r\in[0,1]$，$(2-4\phi^2+\phi^4)/(-2+2\phi^2+\phi^4)>0$ 解得 $\phi>\sqrt{2+\sqrt{2}}$。

综上，当 $\phi>\sqrt{2+\sqrt{2}}$ 时，$(2-4\phi^2+\phi^4)/(-2+2\phi^2+\phi^4)>0$，$r<(2-4\phi^2+\phi^4)/(-2+2\phi^2+\phi^4)$ 时，$\alpha_L^{DA}>\alpha_L^{SA}$，$(\alpha_H-\alpha_L^{DA})/\alpha_H<(\alpha_H-\alpha_L^{SA})/\alpha_H$，即 $p^{DA}<p^{SA}$，增加直销渠道时的信号传递导致的批发价扭曲概率减小。反之，当 $r>(2-4\phi^2+\phi^4)/(-2+2\phi^2+\phi^4)$，此时增加直销渠道会导致批发价扭曲概率增大。

当 $1<\phi<\sqrt{2+\sqrt{2}}$ 时，$(2-4\phi^2+\phi^4)/(-2+2\phi^2+\phi^4)<0$，$\alpha_L^{DA}<\alpha_L^{SA}$ 在 $r\in[0,1]$ 上恒成立，此时增加直销渠道会导致批发价扭曲概率增大。

第6章 附录

命题 6-1 证明

对最优化问题 (P) 求解，由零售商的参与约束为紧，即 $\prod_R(E=1)=0$，可得式(6-9)。将式(6-9)求得的 θ^H 代入对最优化问题 (P)，对 w 求导后可求得完全信息条件下的最优批发价定价策略为：

$$w^{FS*}=\frac{1}{2}(9-\alpha s^S(1-\sigma))$$

将 w^{FS*} 代入式(6-9)可得完全信息条件下，高低两种状态下的最优服务补偿 θ^{FH*} 和 θ^{FL*} 需要满足关系式(A6-1)：

$$\rho_1\theta^{FH*}+(1-\rho_1)\theta^{FL*}=\theta^{F*}=\delta+\frac{1}{8}[\rho_1 s^H\alpha(1-\sigma)(2-s^H\alpha(1-\sigma))+$$
$$(1-\rho_1)(s^L\alpha(1-\sigma)(2-s^L\alpha(1-\sigma)))-1] \quad (A6-1)$$

所以，对于任意满足式 (A6-1) 的服务补偿，制造商都可以实现最优利润。不失一般性，可以取 $\theta^{FH*}=\theta^{FL*}=\theta^{F*}$。

命题 6-2 证明

首先考虑有限责任约束为松时的情况,构建拉格朗日函数:

$$L = \prod_M(E=1) + \lambda[\prod_R(E=1) - \prod_R(E=0)] + \mu \prod_R(E=1)$$

由 $\partial L/\partial \theta^H = 0$ 和 $\partial L/\partial \theta^L = 0$ 解得 $\lambda = 0$,$\mu = 1$。再对 $\partial L/\partial w^S = 0$ 求解,并将 λ 和 μ 代入,可求得存在道德风险时制造商的最优批发价定价策略:

$$w^{MS*} = w^{FS*}$$

根据库恩-塔克条件 $\mu \cdot (\partial L/\partial \mu) = 0$ 可得零售商的参与约束(IR)为紧,即 $\prod_R(E=1) = 0$。与命题 6-1 类似,参与约束为紧可得式(6-9)。将式(6-9)求得的 θ^H 代入零售商的激励约束(IC),又由零售商的激励约束为紧求得:

$$\theta^L = -\frac{\rho_0}{\rho_1 - \rho_0}\delta - \frac{(3 - w^L + s^L\alpha(1-\sigma))^2}{18} \quad (A6\text{-}2)$$

将 w^{MS*} 代入式(A6-2)和式(6-9)可得存在道德风险时高低两种状态下的最优服务补偿 θ^{MH*} 和 θ^{ML*}:

$$\theta_1^{ML*} = -\frac{\rho_0}{\rho_1 - \rho_0}\delta - \frac{(1 - s^L\alpha(1-\sigma))^2}{8}$$

$$\theta_1^{MH*} = \frac{1-\rho_0}{\rho_1 - \rho_0}\delta - \frac{(1 - s^H\alpha(1-\sigma))^2}{8}$$

此时 $\prod_R^L = -\delta\rho_0/(\rho_0 - \rho_1)$,为了满足有限责任约束($LL$),需满足 $\delta\rho_0/(\rho_0 - \rho_1) < \pi$。

当 $\dfrac{\delta\rho_0}{(\rho_0 - \rho_1)} \geq \pi$ 时,有限责任约束为紧,此时最优的服务补偿为:

$$\theta_2^{ML*} = -\pi - \frac{(1 - s^L\alpha(1-\sigma))^2}{8}$$

$$\theta_2^{MH*} = \frac{\delta + \pi(1-\rho_1)}{\rho_1} - \frac{(1 - s^H\alpha(1-\sigma))^2}{8}$$

命题 6-2 得证。

结论 6-3 证明

$\partial\theta^{MS*}/\partial\sigma = \partial\theta_1^{MS*}/\partial\sigma = \partial\theta_2^{MS*}/\partial\sigma = -s^S\alpha(1-s^S\alpha(1-\sigma))/4$，由 $\partial\theta^{MS*}/\partial\sigma > 0$ 可得 $\alpha > 1/[s^S(1-\sigma)]$。又易得 $1/[s^L(1-\sigma)] > 1/[s^H(1-\sigma)]$，所以当 $0 \leq \alpha < \hat{\alpha}_1 = 1/[s^H(1-\sigma)]$ 时，$\partial\theta^{MS*}/\partial\sigma < 0$。由 $\alpha < \hat{\alpha}_1 = 1/[s^H(1-\sigma)]$ 又可得 $\sigma > \hat{\sigma}_2 = 1-1/(\alpha s^H)$。当 $\hat{\alpha}_2 \leq \alpha \leq 1$ 时，$\partial\theta^{MS*}/\partial\sigma > 0$。由 $\alpha \geq \hat{\alpha}_2 = 1/[s^L(1-\sigma)]$ 又可得 $\sigma \leq \hat{\sigma}_1 = 1-1/(\alpha s^L)$。当 $\hat{\alpha}_1 \leq \alpha < \hat{\alpha}_2 = 1/[s^L(1-\sigma)]$ 时，$\partial\theta^{MH*}/\partial\sigma > 0$，$\partial\theta^{ML*}/\partial\sigma < 0$。

第 7 章　附录

$c < \hat{c}$ 证明

在完全信息模式下，制造商引诱零售商付诸努力的利润最大化问题 (P^F) 如下：

$$(P^F) \quad \max_{\{t_T^{HF}, t_T^{LF}\}} \Pi_{TM}^{E_T=1,F} = \rho_1 t_T^{HF} + (1-\rho_1) t_T^{LF}$$

$$\text{s. t.} \quad \Pi_{TR}^{E_T=1,F} \geq 0 \quad (IR_T)$$

如果制造商决定让零售商不努力，此时制造商需要解决的问题为 (P'^F)：

$$(P'^F) \quad \max_{\{t_T^{HF}, t_T^{LF}\}} \Pi_{TM}^{E_T=0,F} = \rho_0 t_T^{HF} + (1-\rho_0) t_T^{LF}$$

$$\text{s. t.} \quad \Pi_{TR}^{E_T=0,F} \geq 0 \quad (IR_T)$$

通过解问题 (P^F) 和 (P'^F)，可以得到引诱努力和不引诱努力时制造商的期望利润分别为：

$$\Pi_{TM}^{E=1,F*} = \frac{2\alpha(1+\beta)[\alpha+(1+\lambda)\overline{\phi}_1]+\eta\overline{\phi}'_1}{4(1-\beta^2)} - c \quad (A7-1)$$

$$\Pi_{TM}^{E=0,F*} = \frac{2\alpha(1+\beta)[\alpha+(1+\lambda)\overline{\phi}_0]+\eta\overline{\phi}'_0}{4(1-\beta^2)} \quad (A7-2)$$

其中：

$$\overline{\phi}_1 = \rho_1 \phi^H + (1-\rho_1) \phi^L$$

$$\overline{\phi}'_1 = (\phi^H)^2 \rho_1 + (1-\rho_1)(\phi^L)^2$$

$$\overline{\phi}_0 = \rho_0 \phi^H + (1-\rho_0) \phi^L$$

$$\overline{\phi}'_0 = (\phi^H)^2 \rho_0 + (1-\rho_0)(\phi^L)^2$$

$$\eta = 1 + 2\beta\lambda + \lambda^2$$

为了简便符号，本章假设一个关于 x 和 y 的函数 $f(x, y)$：

$$f(x, y) = \frac{2\alpha(1+\beta)((1+\lambda)x+\alpha) + \eta y}{4(1-\beta^2)} \quad (A7-3)$$

此时，(A7-1) 和 (A7-2) 可以改写为：

$$\Pi_{TM}^{E=1,F*} = f(\overline{\phi}_1, \overline{\phi}'_1) - c \quad (A7-4)$$

$$\Pi_{TM}^{E=0,F*} = f(\overline{\phi}_0, \overline{\phi}'_0) \quad (A7-5)$$

当且仅当 $\Pi_{TM}^{E=1,F*} > \Pi_{TM}^{E=0,F*}$ 时，制造商才会引诱零售商付诸努力，由此可得：

$$c < \hat{c} = \frac{(\rho_1 - \rho_0)(\phi^H - \phi^L)(2\alpha(1+\beta)(1+\lambda) + \eta(\phi^H + \phi^L))}{4(1-\beta^2)}$$

$\hat{c}$ 可以改写为 $\hat{c} = f(\overline{\phi}_1, \overline{\phi}'_1) - f(\overline{\phi}_0, \overline{\phi}'_0)$。

在多周期道德风险模式下，同样可以证明当 $c < \hat{c}$ 时，引诱零售商努力总是必要的。限于篇幅，此处不再赘述。

命题 7-1 证明

完全信息条件下，零售商只能获得保留效用，本章假设零售商的保留效用为 0。因此，零售商的参与约束为紧。由 $\Pi_{1R}^{E=1} = 0$ 可得：

$$\rho_1 t^H + (1-\rho_1) t^L = f(\overline{\phi}_1, \overline{\phi}'_1) - c$$

其中：

$$f(x, y) = \frac{2\alpha(1+\beta)((1+\lambda)x+\alpha) + \eta y}{4(1-\beta^2)}$$

具体求解过程与第 6 章类似，此处不再赘述。

表 7-3 证明

表 7-3 分别列出了博弈周期为单周期、两周期和三周期的激励策略，下面以两周期为例，给出求解过程。

给定第一周期实现的需求增长 ϕ_1^S，制造商第二期的最优化问题为：

$$(P_{n=2}^D(\phi_1^S)) \max_{\{t_T^H, t_T^L\}} \Pi_{2R}^{E=1}(\phi_1^S) = \rho_1 t_2^H(\phi_1^S) + (1-\rho_1) t_2^L(\phi_1^S)$$

$$\text{s.t.} \quad \Pi_{2R}^{E=1}(\phi_1^S) \geq \Pi_{2R}^{E=0}(\phi_1^S) \quad (IC_2)$$

$$\Pi_{2R}^{E=1}(\phi_1^S) \geq U_{2R}(\phi_1^S) \quad (IR_2)$$

$$S \in \{H, L\}$$

由 (IR_2) 为紧，即 $\Pi_{2R}^{E=1}(\phi_1^S) = U_{2R}(\phi_1^S)$ 可得：

$$\rho_1 t_2^H(\phi_1^S) + (1-\rho_1) t_2^L(\phi_1^S) = f(\overline{\phi}_1, \overline{\phi}'_1) - c - U_{2R}(\phi_1^S) \tag{A7-6}$$

由 (IC_2) 为紧得到：

$$\rho_0 t_2^H(\phi_1^S) + (1-\rho_0) t_2^L(\phi_1^S) = f(\overline{\phi}_0, \overline{\phi}'_0) - U_{2R}(\phi_1^S) \tag{A7-7}$$

由式（A7-6）和式（A7-7）可得：

$$t_2^{LD*}(\phi_1^S) = f(\phi^L, (\phi^L)^2) + \frac{\rho_0 c}{(\rho_1 - \rho_0)} - U_{2R}(\phi_1^S) \tag{A7-8}$$

$$t_2^{HD*}(\phi_1^S) = f(\phi^H, (\phi^H)^2) - \frac{(1-\rho_0)c}{(\rho_1 - \rho_0)} - U_{2R}(\phi_1^S) \tag{A7-9}$$

易得 $f(\overline{\phi}_1, \overline{\phi}'_1) = (1-\rho_1)f(\phi^L, (\phi^L)^2) + \rho_1 f(\phi^H, (\phi^H)^2)$，所以可以求得制造商第二期的最优收益为：

$$\Pi_{2M}^{E=1,D*}(\phi_1^S) = f(\overline{\phi}_1, \overline{\phi}'_1) - c - U_{2R}(\phi_1^S) \tag{A7-10}$$

此时问题 $(P_{n=2}^D)$ 可以改写为：

$$(P_{n=2}^D)' \max_{\{t_T^H, t_T^L\}} \rho_1 [t_1^H + \delta \Pi_{2M}^{E=1,D*}(\phi_1^H)] + (1-\rho_1)[t_1^L + \delta \Pi_{2M}^{E=1,D*}(\phi_1^L)]$$

$$\text{s.t.} \quad \rho_1[\pi_{1R}^H + \delta U_{2R}(\phi_1^H)] + (1-\rho_1)[\pi_{1R}^L + \delta U_{2R}(\phi_1^L)] - c \geq$$

$$\rho_0[\pi_{1R}^H + \delta U_{2R}(\phi_1^H)] + (1-\rho_0)[\pi_{1R}^L + \delta U_{2R}(\phi_1^L)] \quad (IC_1)$$

$$\rho_1[\pi_{1R}^H + \delta U_{2R}(\phi_1^H)] + (1-\rho_1)[\pi_{1R}^L + \delta U_{2R}(\phi_1^L)] - c \geq 0 \quad (IR_1)$$

构建拉格朗日函数：

$$Z = \rho_1 [t_1^H + \delta\Pi_{2M}^{E=1,D*}(\phi_1^H)] + (1-\rho_1)[t_1^L + \delta\Pi_{2M}^{E=1,D*}(\phi_1^L)] + \xi[\rho_1[\pi_{1R}^H + \delta U_{2R}(\phi_1^H)] + (1-\rho_1)[\pi_{1R}^L + \delta U_{2R}(\phi_1^L)] - c - \rho_0[\pi_{1R}^H + \delta U_{2R}(\phi_1^H)] - (1-\rho_0)[\pi_{1R}^L + \delta U_{2R}(\phi_1^L)]] + \gamma[\rho_1[\pi_{1R}^H + \delta U_{2R}(\phi_1^H)] + (1-\rho_1)[\pi_{1R}^L + \delta U_{2R}(\phi_1^L)] - c]$$

由 $\partial Z/\partial t_1^H = 0$ 和 $\partial Z/\partial t_1^L = 0$ 解得 $\gamma = 1$，$\xi = 0$。由于 $\gamma = 1 > 0$，所以由 $\gamma(\partial Z/\partial \gamma) = 0$ 可知 (IR_1) 为紧，由此解得：

$$t_1^{LD*} = f(\phi^L, (\phi^L)^2) + \frac{\rho_0 c}{(\rho_1 - \rho_0)} + \delta U_{2R}(\phi_1^S) \qquad (A7-11)$$

$$t_1^{HD*} = f(\phi^H, (\phi^H)^2) - \frac{(1-\rho_0)c}{(\rho_1 - \rho_0)} + \delta U_{2R}(\phi_1^S) \qquad (A7-12)$$

参考文献

[1] 訾猛,陈彦辛,彭瑛.2018年双11最深度全网分析:中国消费在发生什么变化?[J/OL] 2018. http://www.xcf.cn/article/05652d7aebc911e8bf6f7cd30ac30fda.html.

[2] Zaroban S. U. S. e-commerce sales grow 16.0% in 2017 [Z]. 2018.

[3] Guo L. Quality disclosure formats in a distribution channel [J]. Management Science, 2009, 55 (9): 1513-1526.

[4] 周建亨,赵瑞娟.搭便车效应影响下双渠道供应链信息披露策略[J].系统工程与理论实践,2016, 36 (11): 2839-2852.

[5] Krista J L, Sanjay J. Behavior-based pricing: An analysis of the impact of peer-induced fairness [J]. Management Science, 2016, 62 (9): 2705-2721.

[6] Ghosh B, Galbreth M R. The impact of consumer attentiveness and search costs on firm quality disclosure: A competitive analysis [J]. Management Science, 2013, 59 (11): 2604-2621.

[7] Desai P S. Multiple messages to retain retailers: Signaling new product demand [J]. Marketing Science, 2000, 19 (4): 381-389.

[8] Desai P S, Srinivasan K. Demand signalling under unobservable effort in franchising: Linear and nonlinear price contracts [J]. Manage Sci, 1995, 41 (10): 1608-1623.

[9] 周建亨, 赵瑞娟. 考虑引入渠道竞争的双渠道信号传递策略[J]. 系统工程理论与实践, 2018, 38 (2): 414-428.

[10] Majumdar A, Shaffer G. Market-share contracts with asymmetric Information [J]. Journal of Economics & Management Strategy, 2009, 18 (2): 393-421.

[11] Balachander S, Srinivasan K. Selection of product line qualities and prices to signal competitive advantage [J]. Management Science, 1994, 40 (7): 824-841.

[12] Laffont J-J, Martimort D. The theory of incentives : the principal-agent model [M]. Princeton, N.J.: Princeton University Press, 2002.

[13] Lee Y, Song S H, Cheong T. The value of supply chain coordination under moral hazard: A case study of the consumer product supply chain [J]. PloS one, 2018, 13 (3): e0194043.

[14] Wang W, Li G, Cheng T C E. Channel selection in a supply chain with a multi-channel retailer: The role of channel operating costs [J]. International Journal of Production Economics, 2016, 173 (1): 54-65.

[15] Lei J, Jia J, Wu T. Pricing strategies in dual-online channels based on consumers' shopping choice [J]. Procedia Computer Science, 2015, 60 (1): 1377-1385.

[16] Xiao T, Choi T-M, Cheng T C E. Product variety and channel structure strategy for a retailer-Stackelberg supply chain [J]. European Journal of Operational Research, 2014, 233 (1): 114-124.

[17] Arya A, Mittendorf B. Input markets and the strategic organization of the firm [J]. Foundations and Trends® in Accounting, 2010, 5 (1): 1-97.

[18] Matsui K. Asymmetric product distribution between symmetric manufacturers using dual-channel supply chains [J]. European Journal of Operational Research, 2016, 248 (2): 646-657.

[19] Rodríguez B, Aydın G. Pricing and assortment decisions for a manufacturer selling through dual channels [J]. European Journal of Operational Research, 2015,

242（3）：901-909.

[20] Kong G, Rajagopalan S, Zhang H. Revenue sharing and information leakage in a supply chain [J]. Management Science, 2013, 59（3）：556-572.

[21] 周晓阳, 陈可欣, 温浩宇, 等. 政府补贴下考虑零售商不同竞争行为的闭环供应链决策及合同选择 [J]. 中国管理科学, 2022, 30（3）：1-12.

[22] Dan B, Xu G, Liu C. Pricing policies in a dual-channel supply chain with retail services [J]. International Journal of Production Economics, 2012, 139（1）：312-320.

[23] 丁正平, 刘业政. 存在搭便车时双渠道供应链的收益共享契约 [J]. 系统工程学报, 2013, 28（3）：370-376.

[24] 张国兴, 方帅, 汪应洛. 不同权力结构下的双渠道供应链博弈分析 [J]. 系统工程, 2015, 33（3）：52-59.

[25] 许垒, 李勇建. 考虑消费者行为的供应链混合销售渠道结构研究 [J]. 系统工程理论与实践, 2013, 33（7）：1672-1681.

[26] 赵礼强, 徐家旺. 基于电子市场的供应链双渠道冲突与协调的契约设计 [J]. 中国管理科学, 2014, 22（5）：61-68.

[27] Liu B, Zhang R, Xiao M. Joint decision on production and pricing for online dual channel supply chain system [J]. Applied Mathematical Modelling, 2010, 34（12）：4208-4218.

[28] 徐广业, 但斌, 肖剑. 基于改进收益共享契约的双渠道供应链协调研究 [J]. 中国管理科学, 2010, 18（6）：59-64.

[29] 赵骅, 张晗, 李志国. 零售商信息禀赋优势下制造商电商直销渠道决策 [J]. 中国管理科学, 2022, 30（3）：1-12.

[30] Zhou J, Zhao R, Wang B. Behavior-based price discrimination in a dual-channel supply chain with retailer's information disclosure [J]. Electronic Commerce Research and Applications, 2020, 39（January-February）：100916.

[31] Lu Q, Liu N. Effects of e-commerce channel entry in a two-echelon supply

chain: A comparative analysis of single- and dual-channel distribution systems [J]. International Journal of Production Economics, 2015, 165 (1): 100-111.

[32] Wang S-Y, Sheen G-J, Yeh Y. Pricing and shelf space decisions with non-symmetric market demand [J]. International Journal of Production Economics, 2015, 169 (1): 233-239.

[33] Ma L, Zhang R, Guo S, et al. Pricing decisions and strategies selection of dominant manufacturer in dual-channel supply chain [J]. Economic Modelling, 2012, 29 (6): 2558-2565.

[34] 牛保庄, 陈凌云, 李启洋. 产品与物流服务双维竞争下品牌商的跨境包邮策略研究 [J]. 系统工程理论与实践, 2022, 42 (4): 1013-1025.

[35] 刘丁瑞, 李登峰, 郑小雪. 跨境电商环境下考虑渠道服务水平的产品定价研究 [J]. 计算机集成制造系统, 2020, 26 (8): 2278-2287.

[36] Li B, Zhe M, Jiang Y, et al. Pricing policies of a competitive dual-channel green supply chain [J]. Journal of Cleaner Production, 2016, 112 (Part 3): 2029-2042.

[37] 董志刚, 徐庆, 马骋. 电子商务环境下双渠道供应链的制造商分销渠道选择 [J]. 系统工程, 2015, 33 (6): 26-33.

[38] Lu Q, Liu N. Pricing games of mixed conventional and e-commerce distribution channels [J]. Computers & Industrial Engineering, 2013, 64 (1): 122-132.

[39] 曹裕, 易超群, 万光羽. 基于制造商网络渠道选择的双渠道供应链定价与服务决策研究 [J]. 管理工程学报, 2021, 35 (2): 189-199.

[40] Zhang C-T, Wang H-X, Ren M-L. Research on pricing and coordination strategy of green supply chain under hybrid production mode [J]. Computers & Industrial Engineering, 2014, 72 (11): 24-31.

[41] Gallego G, Hu M. Dynamic pricing of perishable assets under competition [J]. Management Science, 2014, 60 (5): 1241-1259.

[42] 李琳, 范体军. 零售商主导下生鲜农产品供应链的定价策略对比研究

[J]. 中国管理科学, 2015, 23 (12): 113-123.

[43] Giri B C, Sharma S. Manufacturer's pricing strategy in a two-level supply chain with competing retailers and advertising cost dependent demand [J]. Economic Modelling, 2014, 38 (1): 102-111.

[44] 黄松, 杨超, 杨珺. 需求和成本同时扰动下双渠道供应链定价与生产决策 [J]. 系统工程理论与实践, 2014, 34 (5): 1219-1229.

[45] 许民利, 聂晓哲, 简惠云. 不同风险偏好下双渠道供应链定价决策 [J]. 控制与决策, 2016, 31 (1): 91-98.

[46] 王磊, 成克河, 王世伟. 考虑公平关切的双渠道供应链定价策略研究 [J]. 中国管理科学, 2012, 20 (S2): 563-568.

[47] 刘咏梅, 廖攀, 胡军华, 等. 考虑服务和退货的双渠道供应链定价问题研究 [J]. 运筹与管理, 2015, 24 (3): 79-87.

[48] 蒋传海, 唐丁祥. 厂商动态竞争性差别定价和竞争优势实现——基于消费者寻求多样化购买行为的分析 [J]. 管理科学学报, 2012, 15 (3): 44-53.

[49] 李宗活, 杨文胜, 孙浩. 全渠道环境下制造商品牌和零售商自有品牌优惠券促销 [J]. 中国管理科学, 2021, 29 (12): 157-167.

[50] Cachon G P, Lariviere M A. Supply chain coordination with revenue-sharing contracts: Strengths and limitations [J]. Management Science, 2005, 51 (1): 30-44.

[51] Ryan J K, Sun D, Zhao X. Coordinating a supply chain with a manufacturer-owned online channel: A dual channel model under price competition [J]. IEEE Transactions on Engineering Management, 2013, 60 (2): 247-259.

[52] Lee J-Y, Cho R K, Paik S-K. Supply chain coordination in vendor-managed inventory systems with stockout-cost sharing under limited storage capacity [J]. European Journal of Operational Research, 2016, 248 (1): 95-106.

[53] 吴晓志, 陈宏, 张俊. 考虑在线补贴的零售商水平O2O供应链协调 [J]. 中国管理科学, 2014, 22 (S1): 479-484.

[54] 但斌，徐广业，张旭梅. 电子商务环境下双渠道供应链协调的补偿策略研究［J］. 管理工程学报，2012，26（1）：125-130.

[55] Lei Q, Chen J, Wei X, et al. Supply chain coordination under asymmetric production cost information and inventory inaccuracy［J］. International Journal of Production Economics, 2015, 170 (Part A): 204-218.

[56] Tsay A A, Agrawal N. Channel conflict and coordination in the e-commerce age［J］. Production and operations management, 2004, 13 (1): 93-110.

[57] 浦徐进，李栋栋，孙书省. 考虑实体店服务效应的双渠道供应链协调机制［J］. 系统管理学报，2018，27（4）：761-768.

[58] 龚本刚，汤家骏，程晋石，等. 产能约束下考虑消费者偏好的双渠道供应链决策与协调［J］. 中国管理科学，2019，27（4）：79-90.

[59] 张维迎. 博弈论与信息经济学［M］. 上海：格致出版社，2004.

[60] Bolton P, Dewatripont M. 合同理论［M］. 上海：格致出版社，2008.

[61] Löffler C, Pfeiffer T, Schneider G. Controlling for supplier switching in the presence of real options and asymmetric information［J］. European Journal of Operational Research, 2012, 223 (3): 690-700.

[62] Xiao T, Yang D. Risk sharing and information revelation mechanism of a one-manufacturer and one-retailer supply chain facing an integrated competitor［J］. European Journal of Operational Research, 2009, 196 (3): 1076-1085.

[63] Krähmer D, Strausz R. Ex post information rents in sequential screening［J］. Games and Economic Behavior, 2015, 90 (1): 257-273.

[64] 蒋龙珠，江志斌，储熠斌，等. 基于信息甄别的预订货策略研究［J］. 科学技术与工程，2012，12（8）：1852-1858.

[65] Cvitanić J, Wan X, Yang H. Dynamics of contract design with screening［J］. Management Science, 2013, 59 (5): 1229-1244.

[66] 霍佳震，张建军，赵晋. 长期合作期望下的供应链非对称信息甄别研究［J］. 管理科学学报，2008，11（3）：88-95.

[67] Deb R, Said M. Dynamic screening with limited commitment [J]. Journal of Economic Theory, 2015, 159 (1): 891-928.

[68] Feng Q, Lai G, Lu L X. Dynamic bargaining in a supply chain with asymmetric demand information [J]. Management Science, 2015, 61 (2): 301-315.

[69] 郭红梅, 谷水亮, 汪贤裕. 动态逆向选择下供应链契约—实验分析 [J]. 计算机集成制造系统, 2015, 21 (12): 3319-3329.

[70] 周建亨, 徐琪. 一种两阶段供应链非对称信息甄别模型 [J]. 系统管理学报, 2013, 22 (3): 335-340+348.

[71] Li Z, Gilbert S M, Lai G. Supplier encroachment under asymmetric information [J]. Management Science, 2014, 60 (2): 449-462.

[72] 朱立龙, 尤建新. 非对称信息供应链质量信号传递博弈分析 [J]. 中国管理科学, 2011, 19 (1): 109-118.

[73] 孟炯, 唐小我, 倪得兵. 消费者驱动的制销供应链联盟安全信号传递 [J]. 中国管理科学, 2008, 16 (5): 84-89.

[74] Cachon G P, Lariviere M A. Contracting to assure supply: How to share demand forecasts in a supply chain [J]. Management Science, 2001, 47 (5): 629-646.

[75] Corbett C J, Decroix G A, Ha A Y. Optimal shared-savings contracts in supply chains: Linear contracts and double moral hazard [J]. European Journal of Operational Research, 2005, 163 (3): 653-667.

[76] Zhou J, Zhao X, Xue L, et al. Double moral hazard in a supply chain with consumer learning [J]. Decision Support Systems, 2012, 54 (1): 482-495.

[77] 申强, 侯云先, 杨为民. 双边道德风险下供应链质量协调契约研究 [J]. 中国管理科学, 2014, 22 (3): 90-95.

[78] 张建军, 赵晋, 张洪见, 等. 面向道德风险的易逝品供应链声誉演化研究 [J]. 中国管理科学, 2013, 21 (1): 180-184.

[79] 朱立龙, 尤建新. 非对称信息供应链道德风险策略研究 [J]. 计算机

集成制造系统, 2010, 16 (11): 2503-2509.

[80] 徐绪松, 郑小京. 供应链道德风险的演化规律 [J]. 管理科学学报, 2012, 15 (8): 1-11.

[81] 徐绪松, 郑小京, 郑湛. 供应链道德风险逾渗的临界状态研究 [J]. 中国管理科学, 2013, 21 (4): 53-61.

[82] Liang L, Atkins D. Rewarding suppliers' performance via allocation of business [J]. Manufacturing & Service Operations Management, 2021, 23 (2): 331-345.

[83] Lewis T R, Sappington D E M. Countervailing incentives in agency problems [J]. Journal of Economic Theory, 1989, 49 (2): 294-313.

[84] Jullien B. Participation constraints in adverse selection models [J]. Journal of Economic Theory, 2000, 93 (1): 1-47.

[85] French J R P, Raven B, Cartwright D, et al. The bases of social power in group dynamics [Z]. London: Harper and Row. 1968.

[86] Shapiro R J. The US software industry: An engine for economic growth and employment [J/OL]. 2014. http://www.siia.net/Admin/FileManagement.aspx/LinkClick.aspx?fileticket=ffCbUo5PyEM%3D&portalid=0.

[87] Cavallo A. Are online and offline prices similar? Evidence from large multi-channel retailers [J]. The American Economic Review, 2017, 107 (1): 283-303.

[88] Banker R D, Khosla I, Sinha K K. Quality and competition [J]. Management science, 1998, 44 (9): 1179-1192.

[89] Hua G, Wang S, Cheng T C E. Price and lead time decisions in dual-channel supply chains [J]. European journal of operational research, 2010, 205 (1): 113-126.

[90] Soberman D A. Simultaneous signaling and screening with warranties [J]. Journal Of Marketing Research, 2003, 40 (2): 176-192.

[91] Zhou J, Zhao R, Wang W. Pricing decision of a manufacturer in a dual-

channel supply chain with asymmetric information [J]. European Journal of Operational Research, 2019, 278 (3): 809-820.

[92] Shang W, Yang L. Contract negotiation and risk preferences in dual-channel supply chain coordination [J]. International Journal of Production Research, 2015, 53 (16): 4837-4856.

[93] 郑本荣, 杨超, 杨珺. 回收模式对制造商渠道入侵策略的影响 [J]. 管理科学, 2019, 32 (3): 92-105.

[94] Wang L, Song Q. Pricing policies for dual-channel supply chain with green investment and sales effort under uncertain demand [J]. Mathematics and Computers in Simulation (MATCOM), 2020, (No. C): 79-93.

[95] 李诗杨, 但斌, 周茂森, 等. 限价政策与公益性影响下药品双渠道供应链定价与协调策略 [J]. 管理工程学报, 2019, 33 (2): 196-204.

[96] 赵静, 朱昆. 制造商和零售商同时开辟在线渠道下渠道竞争与定价决策 [J]. 系统工程学报, 2018, 33 (6): 834-844.

[97] 杨家权, 张旭梅. 考虑零售商策略性库存的双渠道供应链定价及协调 [J]. 系统管理学报, 2020, 29 (1): 176-184.

[98] Zhou Y-W, Guo J, Zhou W. Pricing/service strategies for a dual-channel supply chain with free riding and service-cost sharing [J]. International Journal of Production Economics, 2018, 196: 198-210.

[99] Xie J, Zhang W, Liang L, et al. The revenue and cost sharing contract of pricing and servicing policies in a dual-channel closed-loop supply chain [J]. Journal of Cleaner Production, 2018: 361-383.

[100] Wang J, Liu Z, Zhao R. On the interaction between asymmetric demand signal and forecast accuracy information [J]. European Journal of Operational Research, 2019, 277 (3): 857-874.

[101] Li J, Su Q, Lai K K. The research on abatement strategy for manufacturer in the supply chain under information asymmetry [J]. Journal of Cleaner Production,

2019 (236): 117514.

[102] Nikoofal M E, Gümüş M. Value of audit for supply chains with hidden action and information [J]. European Journal of Operational Research, 2020, 285 (3): 902-915.

[103] 曹柬, 胡丽玲, 姚清钦, 等. 基于激励理论的政府与逆向供应链系统协调机制 [J]. 系统工程学报, 2015, 30 (6): 821-835.

[104] 王新辉, 汪贤裕, 苏应生. 双边成本信息不对称的供应链协调机制 [J]. 管理工程学报, 2013, 27 (4): 196-204.

[105] 程红, 汪贤裕, 郭红梅, 等. 道德风险和逆向选择共存下的双向激励契约 [J]. 管理科学学报, 2016, 19 (12): 36-45.

[106] 王志宏, 温晓娟. 非对称信息下供应链两阶段商业信用契约设计 [J]. 计算机集成制造系统, 2017, 23 (6): 1359-1368.

[107] Wang X, Guo H, Yan R, et al. Achieving optimal performance of supply chain under cost information asymmetry [J]. Applied Mathematical Modelling, 2018, 53: 523-539.

[108] Battaglini M. Optimality and renegotiation in dynamic contracting [J]. Games and Economic Behavior, 2007, 60 (2): 213-246.

[109] 浦徐进, 龚磊, 张兴. 考虑零售商公平偏好的促销努力激励机制设计 [J]. 系统工程理论与实践, 2015, 35 (9): 2271-2279.

[110] Chen Y, Xie J. Online consumer review: Word-of-mouth as a new element of marketing communication mix [J]. Management Science, 2008, 54 (3): 477-491.

[111] Pan X, Hou L, Liu K, et al. Do reviews from friends and the crowd affect online consumer posting behaviour differently? [J]. Electronic Commerce Research and Applications, 2018, 29 (May-June): 102-112.

[112] 梁喜, 张典. 多渠道供应链定价与零售商促销策略研究——考虑消费者搭便车行为等复杂因素影响 [J]. 价格理论与实践, 2020 (10): 127-

130+178.

［113］张国兴, 方帅. 基于服务搭便车行为的双渠道供应链博弈分析［J］. 统计与决策, 2015, (20): 43-47.

［114］徐兵, 刘露. 信息搭便车下供应链订货与信息服务决策及协调研究［J］. 管理工程学报, 2016, 30 (4): 117-123.

［115］罗美玲, 李刚, 张文杰. 双渠道供应链中双向搭便车研究［J］. 系统管理学报, 2014, 23 (3): 314-323+338.

［116］Chen J, Chen B. When should the offline retailer implement price matching?［J］. European Journal of Operational Research, 2019, 277 (3): 996-1009.

［117］Chiu H-C, Hsieh Y-C, Roan J, et al. The challenge for multichannel services: Cross-channel free-riding behavior［J］. Electronic Commerce Research and Applications, 2011, 10 (2): 268-277.

［118］曹裕, 易超群, 万光羽. 基于"搭便车"行为的双渠道供应链库存竞争和促销策略［J］. 中国管理科学, 2019, 27 (7): 106-115.

［119］孟卫东, 代建生, 熊维勤, 等. 基于纳什谈判的供应商—销售商联合促销线性合约设计［J］. 系统工程理论与实践, 2013, 33 (4): 870-877.

［120］刘家国, 周笛, 刘咏梅, 等. 搭便车行为影响下制造商渠道选择研究［J］. 系统工程学报, 2014, 29 (6): 813-823.

［121］Balachandran K R, Radhakrishnan S. Quality implications of warranties in a supply chain［J］. Management Science, 2005, 51 (8): 1266-1277.

［122］张红霞. 双边道德风险下食品供应链质量安全协调契约研究［J］. 软科学, 2019, 33 (9): 99-107.

［123］Xu L, Li Y, Govindan K, et al. Consumer returns policies with endogenous deadline and supply chain coordination［J］. European Journal of Operational Research, 2015, 242 (1): 88-99.

［124］王文利, 郭娜. 考虑道德风险下订单农业供应链融资策略［J］. 系统管理学报, 2020, 29 (2): 240-250.

[125] Alba J, Lynch J, Weitz B, et al. Interactive home shopping: consumer, retailer, and manufacturer incentives to participate in electronic marketplaces [J]. The Journal of Marketing, 1997, 61 (3): 38-53.

[126] Shankar V, Smith A K, Rangaswamy A. Customer satisfaction and loyalty in online and offline environments [J]. International journal of research in marketing, 2003, 20 (2): 153-175.

[127] Wolk A, Ebling C. Multi-channel price differentiation: An empirical investigation of existence and causes [J]. International Journal of Research in Marketing, 2010, 27 (2): 142-150.

[128] Jing B. Customer recognition in experience vs. inspection good markets [J]. Management Science, 2016, 62 (1): 216-224.

[129] Esteves R-B, Vasconcelos H. Price discrimination under customer recognition and mergers [J]. Journal of Economics and Management Strategy, 2015, 24 (3): 523-549.

[130] Zhang R, Li J, Huang Z, et al. Return strategies and online product customization in a dual-channel supply chain [J]. Sustainability, 2019, 11 (12): 3482.

[131] Brynjolfsson E, Smith M D. Frictionless commerce? A comparison of internet and conventional retailers [J]. Management Science, 2000, 46 (4): 563-585.

[132] Bell D R, Gallino S, Moreno A. Offline showrooms in omnichannel retail: Demand and operational benefits [J]. Management Science, 2018, 64 (4): 1629-1651.

[133] Guo L. The benefits of downstream information acquisition [J]. Marketing Science, 2009, 28 (3): 457-471.

[134] Taleizadeh A A, Shahriari M, Sana S S. Pricing and coordination strategies in a dual channel supply chain with green production under cap and trade regulation [J]. Sustainability, 2021, 13 (21): 12232.

［135］Zhan L, Shu H, Zhou X, et al. A quality decision model considering the delay effects in a dual-channel supply chain［J］. Sustainability, 2022, 14（10）: 6240.

［136］Shen B, Choi T-M, Minner S. A review on supply chain contracting with information considerations: Information updating and information asymmetry［J］. International Journal of Production Research, 2019, 57（15-16）: 4898-4936.

［137］Desai P S, Srinivasan K. Demand signalling under unobservable effort in franchising: Linear and nonlinear price contracts［J］. Management Science, 1995, 41（10）: 1608-1623.

［138］Chen Y, Pearcy J. Dynamic pricing: When to entice brand switching and when to reward consumer loyalty［J］. The Rand journal of economics, 2010, 41（4）: 674-685.

［139］Karray S, Martin-herran G, Sigué S-P. Cooperative advertising for competing manufacturers: The impact of long-term promotional effects［J］. International Journal of Production Economics, 2017（184）: 21-32.

［140］Anand K, Anupindi R, Bassok Y. Strategic inventories in vertical contracts［J］. Management Science, 2008, 54（10）: 1792-1804.

［141］Zhou J, Zhao X, Xue L, et al. Double moral hazard in a supply chain with consumer learning［J］. Decision Support Systems, 2012, 54（12）: 482-495.

［142］Walker M J, Katok E, Shachat J. Trust and trustworthiness in procurement contracts with retainage［J］. Management Science, 2022.

［143］Choi T-M, Feng L, Li Y. Ethical fashion supply chain operations: Product development and moral hazards［J］. International Journal of Production Research, 2022.

［144］Takemoto Y, Arizono I. Moral hazard problem and collaborative coordination in supply chain with capacity reservation contract［J］. International Journal of Production Research, 2020, 58（8）: 2510-2526.

[145] Li Z, Yang W, Liu X, et al. Coupon promotion and its two-stage price intervention on dual-channel supply chain [J]. Computers & Industrial Engineering, 2020, 145: 106543.

[146] Nana W. Option contract design for a multi-period VMI supply chain [J]. Arabian Journal for Science and Engineering, 2020, 45 (8): 7017-7032.

[147] Plambeck E L, Taylor T A. Partnership in a dynamic production system with unobservable actions and noncontractible output [J]. Management Science, 2006, 52 (10): 1509-1527.

[148] Arya A, Mittendorf B. Benefits of channel discord in the sale of durable goods [J]. Marketing Science, 2006, 25 (1): 91-96.

[149] Arya A, Mittendorf B. Supply chain consequences of subsidies for corporate social responsibility [J]. Production and Operations Management, 2015, 24 (8): 1346-1357.

[150] Lin Y T, Parlaktürk A. Quick response under competition [J]. Production and Operations Management, 2012, 21 (3): 518-533.

[151] Chen F. Salesforce incentives, market information, and production/Inventory planning [J]. Management Science, 2005, 51 (1): 60-75.

[152] Li Z, Li B, Lan Y. Contract design on digital platform for the risk-averse retailer with moral hazard: Wholesale price vs two-part tariff [J]. Kybernetes, 2018, 47 (4): 716-741.

[153] Myerson R B. Optimal auction design [J]. Mathematics of operations research, 1981, 6 (1): 58-73.

[154] Ma L, Gao S, Zhang X. How to use live streaming to improve consumer purchase intentions: Evidence from china [J]. Sustainability, 2022, 14 (2) 1-20.

[155] Pan R, Feng J, Zhao Z. Fly with the wings of live-stream selling-Channel strategies with/without switching demand [J]. Production and Operations Management, 2022, 31 (9): 3387-3399.

[156] Lv J, Yao W, Wang Y, et al. A game model for information dissemination in live streaming e-commerce environment [J]. International Journal of Communication Systems, 2022, 35 (1): 1-14.